edition splitter

christian baier

romantiker

edition splitter

Den juckt die Krätze hinterm Ohr, dem läuft das linke Auge aus der Höhle. Der sabbert sein frisch bezogenes Kissen voll, und dort kann einer die Hände nicht ruhig halten. Da saugt etwas aus einer Schnabeltasse, große, gierige Schlucke, arbeitet sich aus den Polstern hoch, graue Füße, große, weit voneinander abstehende Zehen, zwischen denen man durchschauen kann. Jener hat was in der Brust, das wächst sich groß, dieser nährt etwas in seinem Dickdarm, das frißt um sich. Diese Wunde schließt sich nimmer in diesem Leben.
Der hustet blutigen Schleim aus seinen schlaffen Lungen, der Kehlkopf ist zerfressen, und dort ersetzen Kränze von Geschwüren den Schließmuskel. Hier ein Kathetersäckchen, füllt sich dunkelgelb, dort schlingert eine Flasche verkehrtrum überm Bett. Aus verengten Blasen plätschert es erlösend in Leibschüsseln. Der instinktive Griff zum Spucknapf. Und hier zeichnen sich eitergrüne Wundränder ab unter den Verbänden. Ein Schlauch schlackert aus der Luftröhre; meterweise Mull und Klebestreifen. Und diese Wunde schließt sich nimmer in diesem Leben.
Dem tropft gärender Schleim aus der Nase, gelbe Schnecken auf der Unterlippe, mürbe Haut runzelt sich über porösen Knochen, spannt pergamenten über sich zuspitzenden Gelenken, Brustkörbe voll Gift wölben sich, blähen sich, werfen sich auf und fallen in sich zusammen. Gewebe wehrt sich gegen einen künstlichen Darmausgang. Nur die Nägel, die Nägel an Händen und Füßen, die wachsen, wachsen, als hätte das alles mit ihnen nichts zu tun.
Kommen Sie oft her?
Sie sah mich nicht an, sondern blickte weiterhin durch die Glasscheibe in den Saal.
Sie schien auf meine Frage die ganze Zeit über gefaßt gewesen zu sein. Sie hatte ein schönes Gesicht, in dem sich Arroganz und Traurigkeit paarten auf obszöne Weise.
Der beim Fenster macht es nicht mehr lange, sagte ich, vermied dabei den Unterton des Kenners.
Ich sagte es einfach so. Jedenfalls versuchte ich, es *einfach so* zu sagen. So irgendwie nebenbei.
Mir fiel nichts Besseres ein. Genau genommen wußte ich nicht, warum ich das gesagt hatte. Ich wußte auch nicht, was mir an einem Gespräch

mit ihr lag. Ob ich überhaupt mit ihr reden wollte. Eigentlich redete ich bloß, um meiner eigenen Unentschlossenheit zuvorzukommen. Ich machte das öfter und war bis jetzt gut damit gefahren.
Er liegt schon eine Woche so, sagte ich. Ich meinte den beim Fenster. Eigentlich, sagte ich, ist es eine Verschwendung, ihn beim Fenster liegen zu lassen. Ein Vorzugsplatz, und er bekommt es nicht mal mit. Ein anderer würde weiß ich was dafür geben, beim Fenster zu liegen. Aber der da kriegt es gar nicht mit, kann es überhaupt nicht schätzen. Vielleicht meinen sie es gut mit ihm. Manchmal meinen sie es ja gut mit einem, auch wenn er nichts mehr davon hat. Bald werden sie den Paravent um das Bett stellen. Oder ihn hinausschaffen.
Und schließlich, weil sie nichts sagte: Warum sind wir uns nicht schon früher begegnet?
Manche Fragen sind Schläge, ausgeführt mit der Handkante.
Sie zuckte die Schultern. Man kann auch sagen: Sie zog die Schultern hoch und ließ sie wieder sinken. Alles ist bloß eine Frage des Blickwinkels. Es fehlte bloß noch, daß sie eine Zigarette rauchte. Dann wäre ihr Schulterzucken beinah *echt* gewesen.
Dann hätte ich es ihr abgenommen. Es hätte etwas entsprochen, einem Bild, das man von einem Menschen hat, der angesichts von Sterbenden die Schultern zuckt.
Ihr Mund war eine offene Wunde. Ihre fleischigen Ohrläppchen standen im Widerspruch zum Haarflaum an ihren Schläfen. Ich sah sie ziemlich ungeniert von der Seite an. Sie ließ mich gewähren. Noch direkter zu werden, wagte ich nicht. Nicht weil mir der Mut dazu fehlte, sondern weil ich mir zu diesem Zeitpunkt nicht im klaren war, wie weit ich gehen wollte, und wie ich aus der Sache wieder herauskäme, wenn ich jetzt weiter ging, als ich eigentlich wollte.
Wir schwiegen dann eine ganze Weile. Es war nicht unangenehm. Wir schwiegen nicht, weil wir einander nichts zu sagen gehabt hätten. Es wäre genug zu sagen gewesen, aber es war nicht so wichtig. Was wir hätten reden können, verstand sich von selbst. Wozu die Lippen bewegen, die Stimmbänder strapazieren? Man konnte gut mit ihr schweigen. Auf eine gewisse, schwer zu beschreibende Art gab sie mir durch ihr Schweigen zu verstehen, daß es danach nicht beim Schweigen bleiben

würde, sondern daß noch Worte möglich waren zwischen uns, auch wenn wir jetzt nichts sagten.
Ich überlegte, wieviel sie dem Personal bezahlt hatte, um hier stehen und durch die Glasscheibe in den Saal schauen, *dabei sein* zu dürfen.
Die im Saal ließen sich durch unsere Anwesenheit nicht stören.
Es hatte etwas Berührendes, wie selbstverständlich sie auch unter Beobachtung starben. Sie gingen dem Geschäft des Sterbens nach, als würden sie ihre Notdurft verrichten. Sie waren ziemlich schamlos dabei.
Obwohl sie die ganze Zeit über geradeaus sah und vorgab, von mir keine Notiz zu nehmen, gab sie mir durch ein Beben ihrer Nasenflügel zu verstehen, daß es ihr nicht *unangenehm* war, daß ich sie ansah, sondern *gleichgültig.*
Haben Sie auch schon jemanden sterben sehen, fragte ich.
Ja, vor drei Wochen.
Drei Wochen, dachte ich.
Er starb sehr langsam.
Wie alt war er?
Keine Reaktion.
Sechzig? Siebzig? In diesem Alter geht es langsam.
Er hat sehr gelitten. Und am Schluß hat er geschrieen.
Ich mag, wenn sie schreien.
Ich habe auch gedacht, ich würde es mögen ...
Aber Sie haben es dann doch nicht gemocht.
Ich habe es nicht gemocht, nein, ich habe es wirklich nicht gemocht.
War ein Priester dabei?
Ich wollte in diesem Augenblick einfach nicht, daß das Gespräch zwischen uns aufhörte. Es war gerade so angenehm. Darum fragte ich, so wie ein Kind blöde Fragen stellt, auf die es die Antwort ohnehin weiß, aber es stellt sie, damit Wörter fallen, damit nicht das Schweigen kommt und alles verschlingt. Ob ein Priester dabei war, interessierte mich im Grund genommen überhaupt nicht.
Ja, er kam nach Mitternacht ...
Ist er bis zum Schluß geblieben?
Nein, er ging, weil ihm nicht zugehört wurde.
Selbst um Mitternacht läßt man sie also dabei sein, dachte ich. Mich

schickt man weg, aber sie kann bis Mitternacht bleiben, und ich sagte: Ich finde es widerlich, wenn Priester dabei sind. Sie nicht auch?
Sie gab keine Antwort.
Wenn Priester dabei sind, dann nehmen sie sich beim Sterben zusammen. Aber wenn sie ganz allein sind, dann lassen sie sich gehen. Das finde ich schön, wenn sie sich gehen lassen. Sie sind dann so *echt*.
Jetzt wandte sie mir ihr Gesicht zu und sah mich an. In ihrem Blick lag verächtliches Erstaunen. Nur im ersten Moment hielt ich es für Neugier an meiner Person.
Dann war wieder längere Zeit kein Wort möglich zwischen uns.
Ein Kranker schälte gerade eine Banane.
In elegischem Schwung ging ihre Kinnpartie in den Hals über. Ich hatte nicht üble Lust, sie zu fragen, ob sie mit mir in den Obduktionsraum gehen wolle, wo zu dieser Zeit immer von ein paar Studenten Brustkörbe abgefleischt oder Bauchhöhlen durchwühlt wurden. Ich war einmal dabei gewesen, als eine Studentin in Ohnmacht fiel. Nachher entschuldigte sie sich fortwährend bei allen. Es war ihr sehr peinlich. Sie hörte mit dem Entschuldigen gar nicht mehr auf. Nachdem niemand mehr da war, bei dem sie sich entschuldigen konnte, entschuldigte sie sich bei mir, als würde ich *dazu*gehören.
Wie auf ein Zeichen hin wandten jetzt mehrere Kranke in weit voneinander entfernten Betten ihre Köpfe in dieselbe Richtung.
Es erinnerte an die ruckartigen Kopfbewegungen von Tauben.
Ich dachte an bestimmte Städte, weit weg von hier.
Nein. Ich dachte an die *wechselnde Bewölkung* über den Dächern dieser Städte.
Das ist ein großer Unterschied.

Wir landeten schließlich in der Kneipe auf der anderen Straßenseite gegenüber der Krankenhauseinfahrt. Ich hatte es nicht darauf angelegt, sie dorthin zu locken. Sie war *einfach so* mitgekommen. Das fand ich schön. Eigentlich fand ich schön, daß es mir nicht total gleichgültig war, daß sie mit mir gekommen war. Das war alles.
In der Kneipe saß ich immer, wenn ich mir die Sterbenden angesehen

hatte, und dachte an das Stück, das ich schreiben wollte. Davon erzählte ich ihr auch.
Sie paßte nicht hierher, und was ich sagte, paßte nicht zu dem, was wir zuvor gesehen hatten. Der Widerspruch reizte mich. Darum fing ich an zu erzählen.
Es ist eine simple Geschichte. Drei Intellektuelle sitzen am Vorabend des Weltunterganges in genau so einer Kneipe wie der, in der wir jetzt sitzen. Sie sitzen da und reden.
Worüber?
Es wunderte mich, daß sie fragte. Ich hatte mich nie gefragt, worüber die drei reden könnten. Und dabei denke ich schon wahnsinnig lange über das Stück nach. Aber daß die drei *wirklich* reden, einfach so Wort an Wort reihen zu Sätzen, zu Phrasen, das ist mir noch nie eingefallen. Die Frage, was die drei miteinander reden könnten, hat sich mir einfach noch nie gestellt, und *worüber* sie reden, schon gar nicht. Natürlich war mir klar, daß sie irgendetwas sagen mußten, aber mir schien es nie der Mühe wert, mir vorzustellen ...
Ich weiß nicht, sagte ich.
Sie reden nur, sagte sie.
Ja, sie reden nur.
Aha, sagte sie, sie reden also nur.
So ist es, sagte ich.
Das ist gut, sagte sie.
Ich ließ ein wenig Zeit verstreichen, bevor ich fortfuhr:
Hinter der Ausschank wartet die leicht beschränkte Kellnerin darauf, daß die drei noch ein Bier bestellen. Sie hat die Hand die ganze Zeit über am Zapfhahn. Dann fängt es zu regnen an. Mit dem Einsetzen des Regens bricht das Gespräch der drei ab.
Aber wir wissen nicht, worüber die drei reden.
Ach, sie reden über irgendwas. Sie reihen einfach Wörter aneinander. Ein Wort folgt dem anderen. Ein Wort ergibt sich aus dem anderen. Wenn dem einen die Wörter ausgehen, spult der andere seinen Vorrat ab, und der dritte wartet nur darauf, daß der zweite Luft holen muß, damit er einhaken kann.
Hoffentlich klang es nicht allzu genervt, *wie* ich das sagte. Aber ihre

Fragerei ging mir ziemlich am Zeiger.
Das nennen Sie *reden?*
Ja, es ist einfacher, so etwas *reden* zu nennen.
Na gut, sagte sie. Und weiter? Was passiert *dann?*
Also – es fängt zu regnen an. Und die drei hören zu reden auf.
Warum?
Weil es nichts über den Regen hinaus zu sagen gibt. Das klingt gut, nicht wahr? *Es gibt nichts zu sagen über den Regen hinaus.* Die Kellnerin schlägt die Hände vors Gesicht. *Der Vorhang fällt wie ein Schuß.*
War's das?
Ich war ziemlich beeindruckt von dem, was ich erzählt hatte. Ich hatte mich in eine richtige Begeisterung hineingeredet, eine Begeisterung, die ich mir als *reines Gefühl* gar nicht zugetraut hatte.
Ja, sagte ich, das war's.
Soll ich was dazu sagen?
Wenn Sie wollen ...
Wollen Sie, daß ich etwas sage?
Nein ... – Oder ja. Doch ... Sagen Sie was dazu. Wenn Ihnen etwas einfällt, sagen Sie es. Ich will, daß Sie etwas über meine Geschichte sagen ...
Ich weiß nicht ...
Doch, Sie wissen ganz genau ...
Ich will dazu nichts sagen.
Sie zieren sich bloß.
Ich ziere mich nicht. Ich will dazu nichts sagen. Ganz einfach: *Ich will nicht ...* Das ist nicht schwer zu kapieren, oder?
Warum fragen Sie mich dann, ob Sie dazu was sagen sollen?
Damit ich sehe, wie ernst es Ihnen ist.
Sie meinen, wie ernst es mir mit dem Stück ist ...
Ja, das auch ...
Was noch?
Einfach ernst. Verstehen Sie nicht? *Wie ernst es Ihnen ist.*
Ich verstand nicht, sagte aber: Ach so ... und schwieg.
Ich denke, sagte sie dann, Sie müssen ein ziemliches Arschloch sein.
Für die Art, wie sie *Arschloch* sagte, liebte ich sie plötzlich und vollkommen sinnlos. Sie sprach das Wort aus, als würde sie es zum ersten

Mal in den Mund nehmen. All ihre Verachtung, die sie für mich empfinden mochte, war darin enthalten.
Ich freute mich kindisch darüber, für sie irgendetwas zu sein. Und wenn es nur ein Arschloch war, ein ziemliches.
Was heißt hier *nur*! – Es gibt Leute, die sind nicht einmal ein Arschloch. Die sind gar nichts.
Ich griff nach ihrer Hand und hielt sie fest, bevor sie sie noch zurückziehen konnte. Zuerst wehrte sie sich gegen die Berührung und versuchte, mir ihre Hand zu entwinden, aber dann hielt sie still. Ich weiß nicht, ob sie die Berührung nur duldete, oder ob es ihr plötzlich ein Bedürfnis geworden war, von mir berührt zu werden.
Es war das Einfachste in dieser Situation, sie zu berühren. Und ich redete mir so lange ein, daß sie es wollte, bis ich der festen Überzeugung war, ihr mit dieser Berührung nur zuvorgekommen zu sein.
Die Berührung unserer Hände hatte daraufhin einen festen Platz in der Geschichte. *Sie war stimmig.*
In dieser Gewißheit ließ ich ihre Hand los – ich ließ sie *los*, aber nicht *frei* –; als ich sie losgelassen hatte, blieb ein Gefühl in meiner Hand zurück, das ich nicht zu beschreiben vermag.
Wir waren schon ziemlich betrunken und füreinander offen wie Wunden, Fragen, Gräber und unbezahlte Rechnungen.
Das klingt gut. Ich finde, daß es einfach gut klingt. Und weil es gut klingt, war es so. So war es einfach. Schluß.
Sie schlug unter dem Tisch das linke über das rechte Bein. Ich malte mir aus, ihr Knie zu berühren. Die Vorstellung, Wärme von Haut durch Nylon zu spüren, erregte mich. Das Gemisch von Benommenheit und Erregung verursachte bei mir Übelkeit.
Ich hatte Lust, aufzustehen und auf die Toilette zu gehen. Aber die Zeit war noch nicht reif für das große Kotzen, bei dem alles von selbst und ohne Anstrengung aus einem herauskommt. Noch ekelte ich mich vor dem Gedanken, mir den Finger in den Mund zu stecken und zu würgen.
Ich sah sie an und mußte an sie denken, als wäre sie weit weg.
Lassen Sie mich *damit* in Ruhe, zischte sie plötzlich.
Womit denn?
Mit diesem Blick. Ich mag diesen Blick nicht.

Ich sah sie weiterhin an, aber ich merkte, daß meine Augen ihr ganz gegen meinen Willen gehorchten, und mein Blick nunmehr auf einen Punkt an der Holztäfelung dicht neben ihrem Kopf gerichtet war.
Glauben Sie, daß ich verrückt bin?
Sie zögerte nicht mit ihrer Antwort.
Wahrscheinlich sind Sie verrückt. Ja ... ich denke schon ... Es spricht vieles dafür, daß Sie völlig durchgeknallt sind.
Sie ist sich nicht sicher, spürte ich ganz deutlich.
Ich hatte mir immer gewünscht, verrückt zu sein, wie ich mir auch immer gewünscht hatte, mit irgendeiner für alle sichtbaren Anomalie ausgestattet zu sein, die das Leben, das ich lebte, und vor allem, *wie* ich es lebte, rechtfertigte. Als Kind hatte ich manchmal den Verrückten gespielt, wenn ich nicht gerade hinkte oder meine Hände im Gelenk unnatürlich – wie in einem spastischen Krampf – verdrehte. Ich rollte dann die Augen, wackelte mit dem Kopf und zuckte unkontrollierbar mit den Mundwinkeln. Aber nur, wenn ich allein war. Sonst verhielt ich mich ganz normal und dachte: Sie dürfen es nicht merken ...
Wie lange machen Sie das eigentlich schon? Ich meine, wie lange schauen Sie schon zu?
Das geht Sie gar nichts an.
Ich frage *wie lange*, nicht *warum.*
Es geht Sie weder das eine noch das andere etwas an.
Finden Sie?
Ja.
Ihre Fingernägel lagen tief in den Nagelbetten. Ich fragte mich, wie ihre Zehen wohl aussehen mochten.
Wollen Sie wissen, warum ich es mache?
Nein.
Wollen Sie überhaupt etwas über mich wissen?
Nein.
Das nehme ich Ihnen nicht ab.
Ihr Pech.
Ich wollte ihr auf die Sprünge helfen und betonte: Fühlen Sie sich nicht *auch* ein wenig überlegen, wenn Sie zusehen?
Keine Antwort.

Ein Hauch von Überlegenheit weht bestimmt auch Sie dabei an.
Keine Antwort.
Also ich glaube, Sie kommen sich verdammt überlegen vor, wenn Sie zusehen. Sie brauchen *es.*
Glauben Sie, was Sie wollen.
Sie sind mit mir mitgegangen und sitzen mit mir hier, weil Sie mit jemandem darüber reden wollen. Es ist ihnen unheimlich, daß Sie zusehen *müssen* ...
Sie lachte: Also wirklich nicht ...
Es fehlte noch, daß sie dabei den Kopf schüttelte wie über eine unfaßbare Dummheit.
Wie kommen Sie nur auf so einen absurden Gedanken?
Ich sagte nichts.
Darüber *reden* ist das Letzte, was ich möchte, das Allerletzte. Sie verstehen überhaupt nichts. Sie haben keine Ahnung.
Ich sagte noch immer nichts.
Sie fing an zu zappeln.
Ich war einmal in einem Lokal einer Frau gegenübergesessen. Ich habe keine Ahnung mehr, wie ich sie kennen gelernt habe. Und auch nicht, wie ich sie dazu brachte, mit mir in dieses Lokal zu gehen. Nicht einmal an das Lokal kann ich mich mehr genau erinnern. Jedenfalls hatte sie ein kleines Gesicht. *Ein kleines Gesicht* – jetzt weiß ich es wieder, irgendetwas bleibt ja immer haften, von dort rollt sich *alles* auf, die ganze Vergangenheit: Ich hatte mich anstrengen müssen, um sie soweit zu kriegen, mit mir auszugehen. Einen Abend lang hatte ich auf sie eingeredet. Ich hatte ihr Dinge gesagt in der Hoffnung, daß meine Worte irgendeine Reaktion hervorrufen würden in ihrem kleinen Gesicht. Es war wie in *Taxi Driver*, als Robert de Niro mit Cibyll Sheperd in das Sexkino geht, so ähnlich. Ich weiß nicht mehr, was ich ihr alles gesagt habe, doch vergeblich suchte ich einen Abend lang ihr Gesicht ab nach einer noch so geringfügigen Regung auf eines meiner Wörter. Ehrlich, ich hatte mich aufrichtig angestrengt, mit meinen Worten irgendeine Veränderung in diesem Gesicht zu bewirken. Es ging mir gar nicht darum, dieses Antlitz durch einen Zug des Ekels, der Verachtung, des Entsetzens zu verwüsten, nein, eine Hauch von Verunsicherung hätte mir schon

genügt und Befriedigung verschafft, ein Gefühl von *Genugtuung*. Und dann gab es einen Riesenkrach im hinteren Teil des Lokals. Ein Kellner war über den Köter eines Gastes gestolpert, der gerade in dem Moment, als er mit einem vollen Tablett vorbeiging, unter dem Tisch hervorgeschossen kam. Der Kellner hatte das Gleichgewicht verloren, das Tablett war ihm entglitten. Der Boden war mit Scherben übersät, im ganzen Lokal breitete sich der Geruch von Bier aus.
Da sah ich in diesem kleinen Gesicht ein Lächeln, wie Menschen es lächeln, wenn das Erschrecken über ein unerwartetes Ereignis in Belustigung umschlägt. Mir war ganz elend zumute beim Anblick dieses gemeinen Lächelns in dem kleinen Gesicht und setzte alles daran, den Abend so rasch wie möglich zu beenden.
Während ich mich erinnerte, ließ ich sie zappeln und widmete meine Aufmerksamkeit dem Mann am Nebentisch. Er trug eine Krankenkassenbrille. Ich überlegte mir, wie er in meiner Situation handeln würde, bis ich feststellen mußte, daß er wahrscheinlich niemals in einer solchen oder auch nur einer ähnlichen Situation gewesen war.
Ich erbarmte mich ihrer und sagte: Sie haben recht. Wir sollten nicht *darüber* reden.
Wenn Sie glauben, daß Sie mich *so* rumkriegen können, mit der Verständnismasche ...
Ich will Sie gar nicht rumkriegen.
Ich hasse verständnisvolle Menschen.
Niemand hier ist verständnisvoll.
Doch, Sie tun gerade so, als wären Sie verständnisvoll. Sie geben sich den Anschein ...
Ich habe nicht die Absicht, irgendwas zu verstehen. Und schon gar nicht Sie, damit wir uns richtig verstehen.
Damit hatte sie nicht gerechnet.
Sie schnappte.
Ich ließ sie schnappen.
Ich wünschte, sie würde Schluckauf bekommen vom schlechten Wein, den wir tranken.
Ich wünschte, es hätte noch das Aquarium gegeben, das früher dort drüben gestanden hatte, mit dem toten Fisch, der an der Oberfläche

schwamm, ein Spielball der aufsteigenden Luftblasen, die an den aufgeschwemmten Leichnam stupsten, als wollten sie ihn necken, seine Aufmerksamkeit erregen.
Ich wünschte mir *eine* Antwort auf *all meine Fragen* und bereute meine Hoffnung, daß sie sie mir geben konnte.
Es war jetzt alles so unheimlich aussichtslos zwischen uns, und genau in diesem Augenblick, als mir die Aussichtslosigkeit unserer Situation bewußt wurde, ging mein inniger Wunsch von vorhin in Erfüllung: Es stieß ihr auf vom schlechten Wein, den wir tranken.
Es stieß ihr auf, und sie mußte lachen.
Bevor ich ins Krankenhaus gegangen war, um den Sterbenden zuzusehen, hatte ich die letzten *Fluctin* eingeworfen. Mit dem Alkohol setzte jetzt ihre volle Wirkung ein. Ein Wundermittel, dieses *Fluctin*, das alles so schön auf Distanz hielt, einen Bannkreis zog um mich und mir die Entscheidung überließ, wer diese magische Linie überschreiten, was mich rühren, berühren, anrühren, mir so nahe kommen durfte, daß ich dafür mehr empfand als Gleichgültigkeit. Mit dem *Fluctin* hatte ich alle Macht, die ich brauchte, um *das Ganze* zu ertragen. Auch ihr Lachen, in dem ich saß wie im Sperrfeuer. Das *Fluctin* zerrte meine Mundwinkel nach oben, öffnete meine Lippen wie mit einer Brechstange, lockerte meine Kiefermuskulatur, aktivierte meine Stimmbänder. Ich lachte. Ich leistete ihr Gesellschaft bei ihrem Gelächter. Ich stimmte in ihr Lachen ein. Ich lachte neben ihr her. Ich lachte mit ihr. Zuerst imitierte ich ihr Lachen, dann lachte ich es, als wäre es mein eigenes. Ich fühlte mich sehr wohl dabei.
Der Mann mit der Krankenkassenbrille lächelte, ohne zu verstehen, worum es eigentlich ging. Er war ein einziges Mißverständnis.
Sie konnte nicht aufhören zu lachen, prustete in den Aschenbecher.
Ich legte meinen Arm um sie. Da wurde sie plötzlich ganz ernst und stierte geradeaus, und ich sah, wie sich auf ihren Wangen eine Träne in Bewegung setzte.
Zuerst war mir das unangenehm. Dann ärgerte ich mich darüber.
Ihre Lippen flatterten.
Die Träne zog eine Spur in ihrem Make-up.
Es war eine schwere Träne. Sie brauchte nicht lange, um die Oberlippe zu

erreichen, wo sie hängen blieb.
Sie schluckte mehrmals und heftig in kurzen Abständen.
Wenigstens gibt sie sich Mühe, dachte ich. Das rechnete ich ihr hoch an.
Was sahen ihre Augen in diesem *Augen*blick?
Den Mann mit der Krankenkassenbrille, der nicht verstand, worum es hier ging?
Warum sahen sie nicht mich?
Es hätte noch gefehlt, daß sie jetzt die Hände vors Gesicht schlug.
Dabei kann es unerhört schön sein, neben einer heulenden Frau zu sitzen und sich einzubilden, der Grund ihres Gefühlsausbruchs zu sein.
Sie strengte sich wirklich an, um zu weinen, aber es ging nicht. Es blieb bei der einen Träne. Beim Weinen ist es wie beim Kotzen: Wenn man es wirklich nötig hat, läuft nichts.
Sie wischte die Träne fort. Mein Arm löste sich von ihren Schultern wie ohne mein Zutun. Ich zog ihn zurück und rückte von ihr ab.
Einmal hatte ich ein altes Ehepaar auf einer Parkbank beobachtet. Sie stritten sich. Noch nie zuvor hatte ich ein so altes Ehepaar streiten sehen. Bislang hatte ich immer geglaubt, daß Menschen in diesem Alter nur noch teilnahmslos nebeneinander herleben. Der Alte rückte von seiner keifenden Frau ab, wie um sich gegen ihre Vorwürfe zu schützen. Er zog die Schultern hoch, raffte die Enden seines Mantels zusammen und klemmte sie zwischen seine Knie, drehte den Kopf in die andere Richtung.
Ich zündete mir eine Zigarette an. Nach einigen Zügen stieß ich sie mit dem Ellbogen an und hielt ihr die Zigarette hin.
Als sich ihre aufgeworfenen Lippen dem Filter näherten und sich gierig nach dem ersten Zug spitzten, zog ich die Zigarette zurück.
Das wiederholte sich mehrere Male, dann hielt ihre Hand die meine fest. Ich spürte die Kraft in jedem ihrer Finger und die Wärme ihrer Handflächen, die ganz weich waren, wie die von sehr jungen Frauen.
Sie nahm einen so tiefen Zug von der Zigarette, daß sich Gruben in ihren Wangen bildeten.
Beim Inhalieren des Rauches mußte sie husten. Das brachte sie wieder zur Besinnung.
Der Mann mit der Krankenkassenbrille wandte sein Gesicht nun demonstrativ von uns ab.

Wahrscheinlich hat er Krebs, dachte ich.
Jetzt lächelte sie.
Es war nun an mir, spürte ich deutlich, etwas für sie zu empfinden. Aber ich empfand nichts. Nicht einmal nichts, obwohl *nichts* ein großartiges Gefühl sein kann, wenn man es wirklich in sich verspürt, eine umfassende Regung.
Während wir abwechselnd einen Zug von der Zigarette nahmen, mußte ich an verschiedene Leute denken, die ich im letzten Sommer hatte sterben sehen.
Hätte sie mich jetzt gefragt, woran ich denke, dann hätte ich ihr davon erzählt, von dieser Verschränkung des Sterbens mit der Jahreszeit und einem Blick, der damit nichts zu tun hat, einem Blick aus einem Fenster, vor dem sich gerade die Straße in Dunst auflöst.
Ich stellte mir vor, ich würde ihr davon erzählen und dabei ganz genau wissen, daß sie mich nicht versteht.
Bei einer unvorsichtigen Bewegung fiel Asche auf meine Hose. Ich stand auf, um die Asche abzuschütteln. Wie ein richtiger Pedant. Sie sah an mir hoch.
Wenn Sie sich sehen könnten, wie widerlich Sie eigentlich sind.
Ich setzte mich wieder hin, sah sie an und sagte: Ich kann mich in Ihren Augen sehen …
Tatsächlich, ich spiegelte mich in ihnen. Das war nicht einmal gelogen.
Mir war jetzt ganz angenehm. Gar nicht mehr übel. Der Alkohol hatte sich gleichmäßig in meinem Körper verteilt und mit dem *Fluctin* gut durchmischt. Alles war sehr leicht und einfach. Ich hätte gerne weitergetrunken, um mich wieder dem Punkt zu nähern, an dem es sich lohnen würde, aufs Klo zu gehen.
Ich wollte bestellen, aber der Wirt übersah mein Handzeichen.
Vielleicht hatte er recht, und ich hatte tatsächlich genug. Wenn ich längere Zeit auf einen Punkt an der Wand starrte, begannen die Ränder meines Blickfeldes zu flimmern, und ich mußte rasch anderswo hinsehen, sonst wurde mir schwindlig.
Mein Blick mied sie. Er wich ihr in weiten arabesken Bögen aus.
Mit abgewandtem Gesicht war mir, als würden wir uns schon eine Halbwertszeit kennen.

Zuerst hielt ich den Raum für meine Wohnung, dann wurde ich trotz der herrschenden Dunkelheit der zahllosen Unstimmigkeiten gewahr. Ich bin schon an vielen Orten aufgewacht, ohne zu wissen, wo ich mich befand. Diese Situation hatte nichts Befremdliches für mich. Im Gegenteil: Es machte mir zunehmend Spaß, mir vorzustellen, wie ich an diesen Ort gelangt war.
Erst viel später spürte ich die Schwere ihres Kopfes an meiner rechten Schulter. Im Schlaf hatte sie ihr rechtes Bein über mich gelegt, und auch ihr rechter Arm lag quer über meiner Brust, ihre Hand ragte über meine linke Schulter hinaus in die Dunkelheit, die uns umgab.
Oft verliere ich die Orientierung. Selbst an Orten, an denen ich oft in meinem Leben gewesen bin, kenne mich nicht mehr aus, verirre mich heillos, muß nach allem suchen, nach dem Lichtschalter, nach der Toilette. Aber niemals noch habe ich das Gefühl für Zeit verloren.
Mir war also klar, daß es nach Mitternacht sein mußte. Ich schätzte: so gegen zwei Uhr morgens. Auf eine halbe Stunde mehr oder weniger kam es nicht an.
Sie atmete gleichmäßig an meiner Schulter, ohne daß ich ihre Atemzüge mit *friedlich* in Verbindung gebracht hätte. [Denn hätte ich dies getan, hätte ich alles daran gesetzt, ihren Frieden zu stören.]
Es war sehr angenehm, so zu liegen, bis auf den Druck in meiner Blase, der mir zusammen mit der Lage ihres rechten Beines quer über meinem Unterleib bewußt wurde. Er war noch auszuhalten, keineswegs so stark, daß der Drang, mich zu erleichtern, unaufschiebbar gewesen wäre. Ich genoß es, in einer fremden Wohnung im Dunkeln zu liegen, an meiner Schulter den Kopf einer Frau, an deren Gesicht ich mich im Moment beim besten Willen nicht erinnern konnte.
Ich versuchte, es mir vorzustellen. Es bedurfte mehrerer Anläufe, bis ich in meinen fragmentarischen Erinnerungen an den vorangegangenen Abend einen Anhaltspunkt fand, der es mir möglich machte, Teile ihres Gesichts zu rekonstruieren. Die Schläfenpartie fiel mir als erstes ein. So ging ich alle Schläfenpartien durch, die mir erinnerlich waren, ordnete ihnen Namen zu, sofern ich mich ihrer noch entsinnen konnte. Ich hatte keine Lust, systematisch vorzugehen, sondern ließ mich treiben, schwelgte ein wenig in Erinnerungen, flanierte, nahm jede Ablenkung,

die sich mir bot, dankbar an, um meine Gedanken die Richtung wechseln zu lassen. Über Umwege kehrte ich jedoch immer wieder zum Thema zurück. Es war wie eines jener Gespräche, die man führt, wenn man einander nichts zu sagen hat und mit aneinandergereihten, in einen grammatikalischen Zusammenhang gezwungenen Wörtern das eigentliche Schweigen übertönt.

Ich dachte. Ich erinnerte. Ich erinnerte *mich* nicht, nicht *mich*, denn *ich* war bei diesem absichtslosen Dahindenken gar nicht vorhanden. Ich existierte nicht. Ich konnte *mich* nicht an irgendetwas erinnern, *erinnern* im Sinne einer Ermahnung, *nicht* zu vergessen.

Von der Schläfenpartie ging ich langsam weiter ins Innere des Gesichts. Ich tastete mich vor, immer auf der Hut, wie einer jener Entdecker der frühen Neuzeit, der an einer Küste landet und Spähtrupps in die nahen dichten Wälder entsendet. Auch ich teilte mein forschendes Erinnern auf in kleine wendige Gruppen, die sich auf den Weg ins Unbekannte machten. Der erste Trupp stieß in die Hochebene der Stirn vor, der zweite erkundete die Kraterlandschaft der Augen und teilte sich an der Nase erneut, wobei sich ein Teil an die Überwindung der Steilwand des Nasenflügels machte [und dabei kläglich umkam, denn nie wieder hörte ich etwas von ihm], während der andere sich südwärts wandte, dem ausgetrockneten Flußbett der Tränen durch die bleiche Ebene der Wange folgte und zum tiefen Graben des Mundwinkels mit Schollen eingetrockneten Speichels vordrang. Ich aber saß inzwischen weiterhin an der Küste. Ich hatte ein Zelt für mich aufschlagen lassen. Die zerschlissene Plane filterte die gnadenlos niederbrennende Sonne nur unzureichend. Ich lag auf dem Rücken, reglos, die Hände hinter dem Kopf, und wartete auf die Rückkehr meiner Spähtrupps. Ich dachte mir ein Lächeln auf die Lippen. Ich fand, das stand mir, stand mir auch zu als Entdecker.

Nach einer Weile wurde ich des Spiels überdrüssig, und ich schickte mich an, mir den vorangegangenen Abend ins Gedächtnis zu rufen. Ich fing bei den Sterbenden an. Das war das Einfachste, fand ich. Doch als ich meinen inneren Blick langsam, unendlich langsam – es bedurfte äußerster Zurückhaltung und Konzentration, um nicht zu rasch vorzugehen – ihrem Profil zuwandte, war es wieder ihre Schläfe, an der er hängen blieb. Er verhedderte sich heillos dort in ihrem Haarflaum. Es war wie eine Falle, in die ich getappt war, ein Hinterhalt, in den sich mein Gedächtnis hatte von meinem Bedürfnis nach Erinnerung locken lassen.

Die Versuche, mich an ihr Gesicht zu erinnern, strengten mich an. Ich bekam Kopfschmerzen davon. Knapp über meiner linken Augenbraue begann es zu pochen, als säße zwischen Schädelknochen und Haut ein kleines Herz, das wild ausschlug und sich Platz zu schaffen suchte in der Enge. Ich mußte eine Weile innehalten, bis es sich beruhigt hatte, und der Schmerz nachließ.

Danach war ich vorsichtiger, setzte keine Kraft mehr ein beim Erinnern, hütete mich davor, irgendetwas erzwingen zu wollen, sondern machte jedes Mal sofort einen Rückzieher, sobald ich irgendwo Widerstand spürte.

So gelang es mir immerhin, in der Erinnerung neben ihr vor der Glasscheibe zu stehen, den Sterbenden zuzusehen und mich an ihrer Schamlosigkeit zu erfreuen.

Plötzlich war *Anna da. Sie stand zwischen den Sterbenden. Sie stand da. Zwischen den Sterbenden. Ganz einfach. Ich wunderte mich nicht, sie zu sehen. Sie war barfuß. Auf dem kalten Steinboden barfuß. Ich sah ihr Gesicht. Und so war es auch. Ich sah ihr Gesicht. Es war Annas Gesicht. Sie trug das Haar wie immer. Ihre Augen saßen tief in den Höhlen, und zusammen mit ihren hohen Backenknochen und den Gruben in ihren Wangen verlieh dies ihrem Gesicht jenen Ausdruck, den ich so gerne gemocht hatte, jenen Ausdruck, den ich in der Erinnerung am liebsten mit einem Nachmittag in Verbindung bringe, den ich längst vergessen habe. Ich weiß nicht mehr, was an diesem Nachmittag geschehen ist. Wahrscheinlich gar nichts. Bestimmt war es ein Nachmittag, wie wir viele Nachmittage miteinander verbracht hatten. Es war nur einer dieser Nachmittage in einem Zimmer. Auch an das Zimmer habe ich keine Erinnerung mehr. Immer wenn ich versuche, es mir ins Gedächtnis zu rufen, sehe ich Zimmer aus irgendwelchen französischen Filmen der dreißiger Jahre. Und das nur, weil Anna diese Filme so schrecklich gern mochte, und immer wenn sie in einem dieser heruntergekommenen Programmkinos so einen Film spielten, gingen wir hin, um ihn uns anzusehen. Ohne meinen Blick*

zu ihr zu wenden, wußte ich, wann sie zu weinen begann. Ich wußte schon, bei welcher Art von Szenen sie immer zu weinen anfing, und wie glücklich sie war beim Weinen.
Aber jetzt stand sie zwischen den Sterbenden. Sie stand ganz allein, obwohl viele Menschen um sie herum waren. Trotzdem stand sie allein. Oder vielleicht gerade deshalb. Ihre Arme hingen seitlich an ihrem Körper herunter wie überflüssiger Zierrat. Doch ihre Hände … ihre Hände … sie hielt die Arme so, daß ihre Handflächen nach außen zeigten … und dann wachte ich auf und mir war speiübel. Alles drehte sich um mich und zitterte. Ich mußte mehrmals schlucken und mich sehr zusammenreißen. Ich lag da mit weit aufgerissenen Augen und atmete angestrengt durch meinen offenen Mund.
Das Fenster war ein feuchter unruhiger Fleck in der Dunkelheit geworden. Ich konzentrierte mich auf seine Umrisse, bis sie zum Stillstand kamen, und mit ihnen der übrige Raum.
Es war noch dunkel, doch die Dunkelheit war bereits von Fäden gräulicher Trübnis durchsetzt, sodaß ich einzelne Kanten und Ecken von Möbelstücken, andeutungsweise Umrisse von Gegenständen ausnehmen konnte und schließlich, als meine Augen sich an die Lichtverhältnisse gewöhnt hatten und sich in der Dämmerung zurechtfanden, die ungefähren Ausmaße des Zimmers, in dem ich mich befand.
Irgendwann fand dann auch das Geräusch des Regens, der draußen vor dem Fenster fiel, Zugang zu meiner Wahrnehmung und mischte sich den Bildern unter als Tonspur.
Es regnet also, dachte ich.
Der Regen fiel laut. Wahrscheinlich gingen die Fenster des Zimmers auf einen Hinterhof hinaus, wo jedes Geräusch durch die nahen Mauern der umliegenden Häuser zusätzlich verstärkt wird.
Ihr Kopf lag nach wie vor an meiner Schulter und ihr Arm, wie tot, quer über meiner Brust. Der Druck in meiner Blase war jetzt ziemlich stark. Ich horchte ihre Atemzüge aus nach einem Anflug von Friedlichkeit. Ich hätte mich auch schon damit begnügt, wenn sie *ruhig* geatmet hätte, denn Ruhe und Frieden sind Verwandte, und – nimmt man es nicht so genau – war es doch irgendwie dasselbe, *die Ruhe zu stören* und *den Frieden zu stören.*

Doch ihr Atmen war angestrengt. Hätte ich mich jetzt bewegt und sie dadurch aufgeweckt, dann hätte ich sie wahrscheinlich aus irgendeinem bösen Traum gerissen. Anders als böse konnte ich mir ihre Träume – nein: Träume ganz allgemein – nicht denken. Ich hätte sie in gewisser Weise *erlöst* und nicht die Ruhe und den Frieden ihres Schlafes *gestört.* Ich aber wollte *stören, zerstören.* Nicht *erlösen.* So hielt ich still, obwohl es für mich schmerzhaft war, und ich mich sehr zusammennehmen mußte.

Ich versuchte, mich abzulenken. Es gelang mir, die Geräusche des Regens aus meiner Wahrnehmung zu verbannen, indem ich mich auf das Zimmer konzentrierte, das im grauen, sich durch die heruntergelassenen Jalousien zwängenden Licht des Morgens immer deutlicher an Gestalt und Ausmaßen gewann. Ich erkannte Gegenstände, sie bekamen feste Umrisse, und wenn ich mich bemühte, konnte ich mich zu etwas wie einer geduldigen Neugier durchringen, wie das Zimmer wohl aussehen würde, wenn es hell war.

Ich vergaß eine ganze Weile den Druck in meiner Blase. Und auch auf sie. Auf ihr Atmen. Dann plötzlich bewegte sie sich. Es war ein Zucken, das durch ihren Körper ging. Es *erschütterte* mich. Ich war schon lange nicht mehr so neben einem Menschen gelegen und hatte etwas gespürt, das im Körper des anderen vor sich ging. Da wußte ich auf einmal wieder alles, was gestern passiert war. Ihr Gesicht fiel mir ein, ich sah es vor mir wie in der ruckartigen Kopfbewegung des instinkthaften Erinnerns, mit der ich dem Vergessen zuvorgekommen war.

Es war kein schönes Gesicht. Es hatte etwas Unsymmetrisches. Irgendwas in ihm stimmte nicht. Ich konnte nicht genau sagen, was es war. Es gibt solche Gesichter, die wie aus dem Gleichgewicht geraten scheinen. Ich habe einmal eine Kellnerin gekannt, die so ein Gesicht hatte. Ich saß am Tresen und beobachtete sie ununterbrochen. Es muß ihr schon richtig unangenehm gewesen sein. Vielleicht glaubte sie, ich wollte etwas von ihr, weil ich so oft kam, am Tresen saß und sie anstarrte. Mitunter drehte sie sich weg von mir. Den Augenkontakt vermied sie schon bald, nachdem ich sie anzustarren begonnen hatte. Dabei wollte ich wirklich nichts von ihr. Ich wollte nur ergründen, was ihr Gesicht aus dem Lot brachte. Lange kam ich nicht drauf. Und eines Tages – ich war schon längere Zeit nicht mehr in der Bar gewesen – fiel es mir ein. Es war eine Warze, eine kleine Warze, kaum mehr als ein Muttermal etwa einen Zentimeter unterhalb ihres linken Mundwinkels. Ich ging schnurstracks zur Bar. Ich rannte fast. Ich wollte wissen, ob ich recht hatte, oder ob ich mir das mit der Warze nur einbildete. Aber sie war nicht mehr dort. Eine andere Kellnerin arbeitete jetzt statt ihr und hatte ein Gesicht, dessen Symmetrie an Leere grenzte. Ich erkundigte mich nach ihr. Ich wußte ihren Namen nicht. Ich sagte: Die Kellnerin, die vorher da war … Ich fragte, wo sie jetzt arbeite. Natürlich wußte die Neue es nicht. Der Chef war zufällig da, wußte es aber auch nicht. Selbst wenn sie es gewußt hätten, hätten sie es mir nicht gesagt, das war mir schon klar. Sie sahen mich komisch an. Ich glaube, sie hielten mich für übergeschnappt, und ich redete mir, um mir nicht selbst lächerlich vorzukommen, die ganze Zeit, während ich mit ihnen sprach, ein, daß ich ein Bulle in Zivil sei, ein Typ wie Robert de Niro oder so, der an einem Fall arbeitet. Darum bestellte ich mir auch etwas zu trinken, nachdem beide, die neue Kellnerin und ihr Chef, sich schulterzuckend von mir abgewandt hatten, und blieb eine Weile sitzen, wie um ihnen dadurch zu verstehen zu geben, daß sie mich nicht so einfach loswurden. Am Schluß war ich ziemlich betrunken, ich weiß noch – jedenfalls bilde ich es mir fest ein –, daß ich beim Zahlen der Neuen fest in die Augen sah, so fest ich dazu noch in der Lage war, und eine Spur zu laut sagte: Sie hatte eine Warze, hier … unter dem linken Mundwinkel … Die Gäste sahen alle zu mir herüber. Natürlich schämte ich mich danach furchtbar. Das war noch die Zeit, als ich mich schämen konnte.

Nein, sie hatte kein schönes Gesicht. Und ich mußte in meiner Erinnerung rasch zu ihm zurückkehren, bevor es verblaßte, so wie Annas Gesicht längst verblaßt war, verkommen zu einer öden, leeren Fläche. Ich verscheuchte jeden anderen Gedanken, wie man im Sommer Insekten verscheucht, die einen Landeplatz suchen auf der nackten Haut. Nein, schön war ihr Gesicht nicht. Es war nicht einmal ein Gesicht, auf dem der Blick länger haften blieb als nötig, um es sofort wieder zu vergessen. Auch Annas Gesicht ist nicht schön gewesen, jedenfalls soweit ich mich noch daran erinnern kann. Es hatte auch etwas Unsymmetrisches, das – ich weiß es noch – von einer blassen

Narbe über der linken Augenbraue herrührte. Woher sie die Narbe hatte, habe ich allerdings vergessen. Ich bilde mir ein, daß es ein Unfall in ihrer Kindheit war. Kann sein. Vielleicht täusche ich mich aber auch. Der Druck in meiner Blase war jetzt nicht mehr zu verdrängen. Ich hatte zwei Möglichkeiten: entweder sofort aufzustehen und mich auf die Suche nach der Toilette zu machen, oder jetzt im Liegen die Couch vollzupissen.
Das war ihr sicherlich noch nie passiert, daß sie jemanden abschleppte so wie mich, und der brunzt ihr dann die Couch voll.
Es tat mir wirklich leid, sie von ihren bösen Träumen zu erlösen. Als ich ihren Kopf beiseite drückte, streifte ihre schweißnasse Stirn mein Kinn. *Böse mußten ihre Träume sein. Schwarzer Tang, unwirklich wogend in träger Flüssigkeit.*
Die Wassermetapher kam nicht von ungefähr. Herrgott, mußte ich schon dringend!
Ich fand die Toilette nicht und pinkelte, ohne Licht zu machen, im Badezimmer ins Waschbecken. Es war aus Keramik. In ein Keramikbecken zu schiffen, macht nicht wirklich Spaß, weil das Material die Pinkelgeräusche dämpft und verschluckt. Netter ist es, in ein Metallbecken zu brunzen. Das klingt toll, vor allem wenn man mächtigen Druck hat! Einmal brunzte ich bei jemandem in der Küche in die Abwasch. Es stand noch schmutziges Geschirr darin, und ich hatte solchen Druck, daß ich ein Sektglas umschiffte. Ich habe keine Ahnung mehr, wie die Frau hieß, bei der ich das gemacht habe, noch wie ich sie kennen gelernt habe. Jedenfalls stand sie in der Küchentür, als ich mich gerade umdrehte und den Zippverschluß hochzog. – Ihre Augen! – Ganz weit aufgerissen. – – – Fassungslos ... Irgendwie fassungslos. [Dafür hätte ich sie lieben können, allein dafür!]
Sie kapierte zuerst gar nicht, dann fing sie zu schreien an. Richtig hysterisch war sie, kreischte: Du Sau, du elende Drecksau! In der Tour ging es weiter, durchs Stiegenhaus, bis ich durch die Haustür auf die Straße schlüpfte. Vielleicht lehnte sie dann am Türstock und flennte. Wie die Frauen das machen in den französischen Filmen, die Anna sich so gerne ansah. [Aber nein, sicherlich ist sie sofort in die Küche gestürzt, hat den Wasserhahn aufgedreht, sich Gummihandschuhe

übergezogen und das ganze Geschirr in den Müll geworfen. So wird es wahrscheinlich gewesen sein, du verdammter Romantiker!]
Als ich zu ihr zurückkam, saß sie mit untergeschlagenen Beinen auf der Couch.
Ich habe das Klo nicht gefunden, setzte ich mich zu ihr. Ich hatte einen ganz trockenen Mund von dem vielen schlechten Wein, den ich gestern in mich hineingeschüttet hatte. Meine Zunge war ein pelziger Fremdkörper in meiner Mundhöhle. Beim Sprechen merkte ich es.
Toll wäre es gewesen, wenn sie mich gefragt hätte, ob ich wenigstens das Waschbecken anschließend mit Wasser ausgespült habe. Vielleicht hätte ich sie angelogen, vielleicht hätte ich ihr aber auch die Wahrheit gesagt.
Doch sie sagte gar nichts, sondern fuhr sich mit den gespreizten Fingern ihrer linken – ja, ich glaube, es war die linke – Hand mehrmals hintereinander durchs Haar. Ja, ihre linke war ihre Durchs-Haar-fahr-Hand.
Dann wurde es bald hell. Und ich sah ihr Gesicht. Und es war ein wunderschönes Gesicht. Vielleicht das schönste Gesicht, das ich jemals aus einer solchen Nähe gesehen hatte, in der Menschen – andere Menschen als sie und ich – sich nur noch küssen.

Sie ging hinaus. Ich saß da und sah mich im Zimmer um. Eigenartig, sonst stehe ich auf, sobald ich allein bin, und fasse alles an, öffne Schubladen und Schränke, tue, als wäre ich ein Dieb. Einmal habe ich sogar wirklich etwas mitgenommen. Ganz ehrlich! Ich schlich mich davon, während die Frau – keine Ahnung mehr, wie sie aussah – unter der Dusche stand. Es war etwas total Unwichtiges, Wertloses. Wahrscheinlich ist ihr nicht einmal aufgefallen, daß ich es mitgenommen habe. Ich warf es zwei Gassen weiter ins Halbdunkel einer Hauseinfahrt und wartete nicht einmal das Geräusch ab, als es am Boden auftraf.
Ein anderes Mal ließ ich mich dabei erwischen, wie ich in den Laden wühlte. Sie war ganz durcheinander. Was wollen Sie, stammelte sie. Sie trug einen fleischfarbenen Morgenmantel, den sie mit den Händen krampfhaft am Kragen und vor dem Bauch zuhielt. Und wiederholte in

einem fort: Was wollen Sie? Irgendwie total geschockt. Es war eine irre Situation. Ich stürzte an ihr vorbei und flüchtete.
Jetzt wagte ich kaum, mich zu bewegen. Nur meine Augen wanderten unaufhörlich im Raum umher, hielten sich aber nirgendwo länger auf.
Lebst du schon lange hier, fragte ich dann.
Ich hatte keine Antwort von ihr erwartet und war umso erstaunter, als aus der Küche kam:
Immer schon. Seit meiner Kindheit.
Die letzte Silbe ging im Geräusch einer Espressomaschine unter, die gerade loszuröcheln begann. Dann roch es nach Kaffee. Sie stellte die beiden Tassen vor meine Füße auf den Boden und setzte sich zu mir auf die Couch.
Willst du Milch und Zucker?
Weil der Kaffee schwarz war, und sie weder Milch noch Zucker gebracht hatte, sagte ich: Ja.
Sie wußte ganz genau, warum ich Ja gesagt hatte, lächelte und blieb sitzen. Sie saß wie vorhin mit untergeschlagenen Beinen.
Danach fiel lange Zeit kein Wort zwischen uns. Ich rührte den Kaffee nicht an.
Hätte ich den Kaffee mit Milch und Zucker gebracht, hättest du sicher gesagt, daß du ihn morgens nur schwarz trinkst, stimmt's?
Richtig, sagte ich.
Wieder schwiegen wir. Irgendwann langte ich nach meiner Tasse und trank, wobei ich mich bemühte zu schlürfen. Aber es wollte nicht so richtig gelingen und klang ziemlich kläglich, nicht so vollmundig und ekelhaft, daß es den anderen graust.
Sie sah mich von der Seite an. Lange ließ ich ihren Blick wie unbeachtet auf mir ruhen und gab mir Mühe, ordentlich zu schlürfen.
Lassen wir doch einfach die Spielchen, sagte sie, einverstanden?
Ich wußte, daß es ihr ernst war.
Es war ein verdammt guter Maschinenkaffee, richtig stark, nicht wie der aus den Filtermaschinen, den ich sonst meistens bekam, und der so schmeckte, wie sich die Frau fühlte, die ihn gekocht hatte.
Wir rauchten dann die letzte Zigarette aus dem zerdrückten Päckchen, das ich aus meiner Hosentasche zog. Das Papier hatte knapp über dem

Filter einen Riß, den man mit dem Finger zuhalten mußte, um überhaupt an der Zigarette ziehen zu können. Zuerst ließen wir die Zigarette zwischen uns hin und her wandern, aber der Riß wurde davon nicht kleiner, und schließlich behielt ich sie in der Hand und hielt sie ihr hin, damit sie daran ziehen konnte.
Ich wußte nicht, wohin mit der Asche. Da trank sie ihre Tasse in einem Zug leer und hielt sie mir hin. Als wir die Zigarette zu Ende geraucht hatten, nahm sie mir den Stummel aus der Hand und ging mit ihrer Tasse und dem Stummel zwischen Daumen und Zeigefinger in die Küche. Ich bewunderte, wie sie von der Couch aufstehen konnte, in der man tief saß und sie dazu noch mit untergeschlagenen Beinen, ohne ihre Hände zu Hilfe zu nehmen. Ich tat so, als würde ich anerkennend applaudieren, sie machte einen kleinen Knicks und legte den Kopf schief.
Draußen regnete es noch immer. Sie blieb länger fort, als ich erwartet hatte, rumorte in der Küche. Ich streckte mich einstweilen auf der Couch aus. Es war angenehm, so zu liegen, in einem fremden Zimmer, draußen in der Küche ist jemand, macht sich bemerkbar durch Geräusche, ruft sich einem immer dann ins Gedächtnis, wenn man beinah schon auf ihn vergessen hat.
Es war Samstag. Wie viele Samstage hat es schon nicht geregnet? Ich hätte jetzt gerne noch ein wenig gedöst, aber dann wäre mir sicher Anna eingefallen. Das wollte ich nicht. Und scheinbar wollte sie das auch nicht, denn sie kam ins Zimmer, gerade als ich die Augen geschlossen und zu denken angefangen hatte, und fragte mich, ob ich gehen wolle.
Ich stand sofort auf, weil ich es für eine Aufforderung hielt.
Es war nur eine Frage, sagte sie.
Ich verstand nicht. Ich stellte mich nicht bloß dumm, sondern verstand wirklich in diesem Moment nicht.
Sie sah mir meine Verwirrung an und lachte.
Wenn du bleiben möchtest, dann brauchen wir Zigaretten. Oder sollen wir Nichtraucher werden?
Jetzt lachte ich auch, aber verlegen und nicht sehr echt.
Bist du dir eigentlich zu gut, mit mir einkaufen zu gehen? Ich habe

nichts im Haus. Vielleicht bekommen wir Hunger …
Ich …
Ich wußte wirklich nicht, was ich sagen sollte, und sah auf ihre Füße. An der Spitze ihres rechten Strumpfes war ein Loch mit der Tendenz zur Laufmasche.
Keine Sorge, sagte sie, weil ich zögerte, du kannst gehen, wann du willst. Daß du mit mir einkaufen gehst, verpflichtet dich zu nichts. Abgemacht?
Sie hielt mir ihre Hand hin, damit ich einschlug, dann zog sie mich zu sich, stellte sich auf die Zehenspitzen und küßte mich auf die Wange, wie damit wir das auch hinter uns hatten.
Du riechst nach Rauch und Zigaretten, sagte sie.
Du auch, sagte ich.
Sie nahm eine Strähne ihres Haares, roch daran, machte: Puh, verzog das Gesicht. Ich gehe jetzt duschen, sagte sie.
Können wir nicht zusammen duschen?
Sie sah mich an. Einen Moment. Ganz ernst. Ich kapierte sofort. Sie lächelte dankbar.
Okay, sagte sie, plötzlich sehr geschäftig, ich gehe jetzt unter die Dusche, nahm mich bei der Hand und führte mich ins Nebenzimmer, öffnete einladend die Tür eines Schrankes. Und du suchst dir inzwischen was aus, das dir paßt.
Dem Schnitt der Anzüge nach zu schließen, die in dem Schrank hingen, stammten sie nicht von ihrem Ex-Mann oder einem Lover, mit dem sie früher hier zusammengewohnt hatte, außer sie stand sich mal auf extrem alte Typen. Die Aufschläge der Jacketts waren breit, aber nicht so, wie es jetzt wieder modern ist, sondern wie es vor zwanzig, fünfundzwanzig Jahren modern war. Auch die Farben entsprachen dem Geschmack einer Zeit, an die ich mich nur ungern zurückerinnere. Alle Hosen hatten diesen unmöglichen Bügelfaltenschnitt von damals und die Stulpen, die ich immer so gehaßt habe.
Und – hast du etwas gefunden?
Sie trug einen Frotteemantel und rieb ihr Haar mit einem Handtuch trocken. In ihrer rechten Augenbraue hing ein Wassertropfen.
Sie verbarg ihre Enttäuschung nicht, als sie meinen Blick sah.

Ich könnte schnell zu mir fahren und mich umziehen, sagte ich.
Wenn du willst, hielt sie das nasse Handtuch in der Hand, zuckte die Schultern und wandte sich ab, ließ mich stehen.
Weißt du, die Anzüge ...
Geh! Wenn du gehen willst, dann geh! Ich habe dir vorhin gesagt, du kannst gehen, wann immer du willst.
Ich ... ich meine ja nur ...
Nein, wirklich, wenn du gehen willst ... Ich halte dich nicht auf ...
Weinte sie? Ich konnte es nicht sehen. Selbst als ich hinter ihr stand, einen Moment zögerte, sie an der Schulter zu berühren, und es dann nicht tat, konnte ich nicht mit Bestimmtheit sagen, ob sie weinte oder nicht.
Es ist doch nur ... ich kann so etwas nicht tragen ...
Keine Spielchen ... bitte, keine Spielchen ...
Es klang so gepreßt, daß ich mir absolut sicher war, daß sie mit den Tränen kämpfte.
Okay, bemüht ich mich um einen möglichst lockeren Tonfall. Okay ... ich geh' jetzt auch duschen, und du suchst einen Anzug für mich aus. Ich zauberte ein spaßhaftes Glucksen in meine Stimme. Ich lasse mir Zeit, und du kannst dich inzwischen als Schneiderin nützlich machen und wenigstens die Stulpen ...
Du Ekel, drehte sie sich zu mir um, streckte die Zungenspitze aus dem Mund und strahlte mich an, drängte mich zur Seite und machte sich über die Anzüge her.
Alles ging so schnell, daß ich nicht sehen konnte, ob in ihren Augen wirklich Tränen, *wirkliche* Tränen waren ...
Ich wollte noch etwas sagen, irgendetwas Witziges, aber es fiel mir nichts ein. Als ich noch einen Augenblick zögerte, sagte sie: Jetzt geh' schon duschen. Ich hob ihr Handtuch auf, das sie hatte auf den Boden fallen lassen, konnte der Versuchung nicht widerstehen und roch auf dem Weg zum Badezimmer daran. Es gibt für mich kaum etwas Schöneres, als an einem Handtuch zu riechen, mit dem eine Frau sich eben die Haare trockengerieben hat.
Anna ...
Vergiß sie! – – –

Sie hatte sich Mühe gegeben und wirklich den scheußlichsten Anzug für mich ausgesucht. Hellbraune Hose und ein dunkles Jackett. Eine geradezu tödliche Kombination. Dazu ein hellblaues Hemd.
Wirklich abscheulich, sagte ich, aber so, daß sie es für einen Witz halten mußte.
Sie musterte mich eine ganze Weile.
Dreh dich um, forderte sie mich auf, ganz ernst und konzentriert.
Sie zupfte an meinen Schultern herum, ließ mich die Arme heben, faßte mir unter die Achseln. Das erinnerte mich an meine Mutter und daran, wie sie mit mir – ich war noch ein Kind – den Anzug für die Beerdigung meines Vaters kaufen gegangen war.
Zufrieden, fragte ich.
Hm, machte sie und ging um mich herum. Gegen den Uhrzeigersinn. Hm, hatte auch meine Mutter gemacht. Das verunsicherte mich.
Sie griff mir an den Hals und schloß den Kragen des Hemdes, den ich vorsorglich offen gelassen hatte, um sie ja nicht auf den Gedanken zu bringen, nach einer passenden Krawatte zu suchen.
Ich weiß nicht, wie Frauen es schaffen, den Hemdkragen eines Mannes zu schließen. Ich kriege es nicht hin. Nicht einmal mit zwei Händen kann ich bei jemand anderem den Kragen zuknöpfen, aber Frauen können das. Bei meiner Mutter würgte es, weil sie ein wenig dabei murksen mußte, aber bei ihr nicht. Sie tat es ganz schnell und sicher.
Gott-oder-wem-auch-immer sei Dank, sah sie keine Krawatte für mich vor, sondern schien sehr zufrieden mit meinem Aussehen.
Wie fühlst du dich?
Gut, sagte ich.
Wirklich?
Ja, sagte ich mit gereiztem Unterton, warum sollte ich dich anlügen? [Keine Ahnung, warum mir in diesem Augenblick so daran gelegen war, daß sie mir glaubte. Der gereizte Unterton schien mir am geeignetsten, glaubwürdig zu klingen.]
Ja, sagte sie versonnen, du hast recht, warum solltest du mich anlügen …
Dann – wie eine Frau, die bekommen hat, was sie will –: Ich mache mich geschwind fertig, dann gehen wir.
Ich ging im Zimmer umher, nahm alle möglichen Posen ein, um mich

an den Anzug zu gewöhnen. Bei all seiner Scheußlichkeit saß er tadellos. Das Jackett. Die Hose. Wie für mich gemacht. Wer immer ihn getragen hatte, hatte meine Größe, meine Statur. Auch das Hemd hatte genau meine Kragenweite.
Trotzdem öffnete ich den obersten Knopf, doch als sie zurückkam und es sah, stürzte sie auf mich zu und schloß ihn wieder, hauchte: *Bitte … für mich …*

Eigentlich hatte ich gedacht, wir würden in irgendwelche Feinkostläden und Spezialgeschäfte gehen, wo man echtes spanisches Olivenöl, getrocknete griechische Tomaten und solches Zeug zu kaufen bekommt. Stattdessen gingen wir in einen ganz ordinären Supermarkt.
Es war viel los.
Zuerst schob ich den Einkaufswagen, aber weil ich ihr immer zu weit hinten blieb und mich abdrängen ließ, nahm sie die Sache in die Hand. Sie war wirklich sehr geschickt, manövrierte den Wagen durch die Menge, ich durfte nachtrotten.
Sie war sehr konzentriert beim Einkaufen, verglich Preise, steuerte zielsicher auf Sonderangebote zu. Ehe ich mich versah, war unser Einkaufswagen bereits halbvoll. Sie stand vor einem Regal und ließ ihren Blick über das Sugo-Sortiment streifen, fragte mich, welches ich gewöhnlich kaufe.
Gar keines, sagte ich.
Gehst du immer essen?
Sie erwartete keine Antwort und entschied sich für eines, das aussah, als wären grüne Paprikastückchen darin eingelegt, also irgendwie wie Kotze, stellte das Glas aber wieder zurück und wählte eine andere Sorte. Im Regal unter dem Sugo befanden sich die Spaghetti und daneben standen gleich die Flaschen billigen italienischen Weiß- und Rotweins. Italienisch war daran lediglich die Aufschrift auf dem Etikett.
Sie überließ mir die Entscheidung. Ich wählte einen Wein aus, von dem ich hoffte, daß er nicht scheußlicher schmeckte als die anderen. Sie nahm eine zweite Flasche davon, und dann noch eine Flasche billigen Frizzante. Ich konnte mir nicht verkneifen, mich laut zu fragen, warum

sie das Zeug noch in Flaschen und nicht in Tetrapackungen verkauften. Sie drehte sich zu mir um und sagte lachend:
Du bist ein richtiges Scheusal, weißt du das eigentlich?
Da ich ihre Frage für rhetorisch hielt, antwortete ich nicht, aber diesmal wollte sie eine Antwort von mir.
Ich habe dich was gefragt. Weißt du eigentlich, daß du ein richtiges Scheusal bist?
Wenn du es sagst ...
Ja oder nein, bestand sie, weißt du es oder nicht?
Ja.
Ich mag dich, sagte sie. Und dann schnell, wie um das eben Gesagte zu verwischen gleich einer verräterischen Spur: Ißt du gerne Pudding?
Ich habe schon lange nicht mehr Pudding gegessen.
Fang jetzt bitte nicht an, mir zu erzählen, unter welchen Umständen du das letzte Mal Pudding gegessen hast, sondern sag einfach, ob du einen möchtest.
Schoko, sagte ich, weil ich annahm, daß sie dann Vanille kaufen würde, und für diesen Fall hatte ich bereits eine anzügliche Bemerkung über die Wirkung von Vanille als Aphrodisiakum parat, die wieder Distanz zwischen uns geschaffen hätte nach dem, was sie vorhin gesagt hatte von wegen ich mag dich und so.
Sie nahm aber nicht Vanille. Auch nicht Schoko. Sondern diesen total synthetischen Erdbeerpudding, dessen Anblick bei mir schon als Kind Brechreiz verursacht hatte. Irgendwie schaffte sie es, daß die Packung die ganze Zeit bis zur Kasse obenauf lag, obwohl sie noch jede Menge einkaufte und in den Wagen legte.
Vor der Kasse kamen wir hinter einem Paar zu stehen. Sie trugen beide den gleichen Jogginganzug, wie man sie bei Versandhäusern im Doppelpack bestellen kann. Wir stießen einander an und verstanden uns sofort. Wir begutachteten, was die beiden vor uns auf das Förderband legten, und bei den Multipack Schokoriegeln und den Unmengen an Chips und Knabberzeug mußten wir uns zusammenreißen, um nicht loszulachen. Als sie dann unsere Sachen auf das Förderband legte und sich gerade hinunterbeugte, um sich die letzten Packungen aus dem Einkaufswagen zu greifen, blickte sie über ihre Schulter zu mir hoch und sagte:

Ich habe das vorhin ernst gemeint. Ich mag dich wirklich.
Ich mag dich auch, sagte ich, ohne zu wissen warum. Manche Sätze kommen ganz automatisch. Man lügt nicht. Man sagt aber auch nicht die Wahrheit. Sie sind einfach ein Reflex.
Die Kassiererin hatte gehört, was sie gesagt und was ich erwidert hatte, und machte ganz schmale Lippen, als sie die einzelnen Packungen über den Scanner zog. Sie war eine typische Supermarkt-Kassiererin, die schmalen Lippen, die sie machte, paßten zu ihr. Sie kamen von Herzen, von ganz tief unten, wo der Bodensatz beim Menschen ist.
Ich durfte alle Sachen wieder in den Einkaufswagen legen, während sie daneben stand, die Geldbörse in der Hand. Sie hatte die Arme abgewinkelt, die Oberarme dabei fest an den Körper gepreßt; sie hielt die Börse mit beiden Händen, die rechte über der linken, und plötzlich wußte ich wieder, daß *meine Mutter genau so dagestanden hatte, genau so ...*
Flash! Ein Moment der Helle, alles überblendend, die Ränder überscharf, die Konturen wie ineinander geschnitten, in der Dunkelheit.
Auf dem Weg *nach hause* ... Blödsinn!!! ... Auf dem Weg *zu ihr* trug ich die beiden Einkaufssäcke und sie den Schirm. Der Regen hatte etwas nachgelassen.
Und – ist der Anzug so schlimm?
Ich sagte ihr, daß ich die ganze Zeit nicht *daran* gedacht hatte.
Im Stiegenhaus kam uns eine ältere Frau entgegen, die demonstrativ stehen blieb und zusah, wie wir gemeinsam in der Wohnung verschwanden.
Eine Zeugin!, schoß mir durch den Kopf, ohne daß ich mit dem Gedanken etwas anfangen konnte.
Kaum hatten wir die Tür hinter uns geschlossen, fingen wir an zu lachen und freuten uns diebisch, daß *es* nun das ganze Haus wußte ...
Mit dem, was wir eingekauft hatten, kam der Hunger. Wir rissen die Packungen auf, entfernten die Schutzfolien, schnitten uns dicke Stücke Käse ab und stopften uns gegenseitig Wurstscheiben in den Mund. Es war herrlich. Dazu tranken wir in der Küche im Stehen von dem billigen Frizzante. Auch der schmeckte herrlich. Dann rissen wir die Packung Rum-Kokos-Kugeln auf. Ich hatte gar nicht bemerkt, als sie die in den Einkaufswagen gelegt hatte.

Dabei lachten wir. Wir lachten, ohne zu wissen worüber. Aber wir brauchten keinen Grund. Scheinbar war kein Grund nötig, um zu lachen. Kaum waren wir einen Moment lang ernst, fing einer von uns beiden wieder zu lachen an. Es machte einfach Spaß, in der Küche zu stehen, Frizzante zu trinken, Rum-Kokos-Kugeln zu essen und ...
Wir kamen auf Gummizeug zu sprechen, Gummibärchen und diese Dinge, und waren uns einig, daß wir beide es nicht mochten, das heißt, sie mochte es nicht, lehnte es kategorisch ab, mir war es gleichgültig, ich genoß es aber, ihr beizupflichten.
Du lügst, sagte sie plötzlich. Du magst dieses Gummizeug.
Nein.
Doch.
Wenn ich es dir sage ...
Nein, ich weiß es. Du magst dieses ekelhafte Gummizeug. Und du magst auch Eibischteigpastillen.
Als ich ein Kind war, bekam man sie in kleinen Papiersäckchen, sagte ich.
Richtig. Und du hast sie gemocht.
Tatsächlich, ich hatte sie gemocht. Mein Vater hatte noch gelebt und mir immer Eibischteigpastillen mitgebracht, wenn ich krank war. Ich war oft krank, hatte es immer mit den Mandeln. Mein Vater hatte mir eingeredet, diese Eibischteigpastillen würden mich gesund machen. Ich war noch so klein, daß ich ihm glaubte, aber später bin ich draufgekommen, daß er mich angelogen hat, und daß sie für gar nichts gut sind.
War es nicht so? Du hast sie gemocht.
Ja.
Ich wußte es, triumphierte sie.
Es war ihr sehr ernst. Ich spürte, daß ich mir jetzt keinen Fehler erlauben durfte.
Und wie ist es mit dem Gummizeug?
Es ist mir egal.
Magst du es?
Ich sagte dir schon, es ist mir egal. Ich weiß gar nicht, wann ich zum letzten Mal ...
Aber als du das letzte Mal Gummizeug gegessen hast, hast du es gemocht.

Sie war in Eifer geraten. Ihre Wangen glühten.
Ja, sagte ich. Ihr zuliebe.
Warum hast du dann vorher gesagt, du magst es nicht?
Ich gab keine Antwort.
Warum?
Ich zuckte die Schultern. Herrgott, war mir dieses Gummizeug so etwas von gleichgültig! Ich fühlte mich verdammt unbehaglich in diesem Moment, ohne daß ich Grund dazu hatte.
Warum hast du vorhin gesagt, du magst es nicht? Nur weil ich es nicht mag?
Vergiß das Gummizeug!
Das ist keine Antwort auf meine Frage. Warum hast du gelogen?
Ich habe nicht gelogen.
Doch, du hast gesagt, es ist dir zuwider.
Ich habe nicht gesagt, daß es mir zuwider ist.
Aber du hast gesagt, daß du es nicht magst, so wie ich.
Ich drehte den Wasserhahn auf und wusch meine Finger, die fettig waren von der Wurst und klebrig von den Rum-Kokos-Kugeln.
W a r u m ?
Was soll das?
Warum lügst du mich *an?*
Ich habe dich nicht angelogen. Es ist mir egal ... ich meine, das Gummizeug ist mir vollkommen egal. Ich mache mir nichts daraus.
Aber die Eibischteigpastillen ...
Ja, die Eibischteigpastillen ... und ich fing an, die Geschichte von meinem Vater zu erzählen, ohne ein Detail auszulassen. [Die Details sind immer das Mörderische an einer Sache.] Da hielt sie sich die Ohren zu, hielt sich die Ohren zu, schrie, wie um meine Stimme zu übertönen: Ich will es nicht hören!
Sie rannte aus der Küche.
Ich lehnte mich an die Abwasch und starrte vor mich hin. Anna fiel mir ein, aber die Erinnerung an sie hatte mit dem Ganzen jetzt nichts zu tun. Ich kam mir lächerlich vor in dem Anzug. Ich wußte nicht, was los war. Ich dachte an die Sterbenden, die wir gestern gesehen hatten. Ich *mußte* an sie denken. Dann räumte ich, um irgendetwas zu tun und

nicht einfach blöd herumzustehen, alles, was wir eingekauft hatten, in die verschiedenen Kästen. Ich mußte suchen, wo was hingehörte. Ich ließ mir Zeit. Trotzdem war ich irgendwann fertig damit. Und als ich damit fertig war, stand ich wieder blöd in der Küche herum, wollte rauchen. Da fiel mir ein, daß wir vergessen hatten, Zigaretten zu kaufen.
Ich gab mir einen Ruck, mußte Anlauf nehmen, wie um eine Hürde zu überwinden, und ging zu ihr. Sie saß auf der Couch, hatte den Kopf gesenkt. Ich blieb in der Tür stehen.
Ich gehe Zigaretten holen, sagte ich.
Geistesabwesend drehte sie an einer Haarsträhne, sagte nichts.
Ich wandte mich um und ging. Den Regenschirm ließ ich neben der Tür lehnen, um sie im Unklaren zu lassen.
Unten auf der Straße war ich fest entschlossen, mich aus dem Staub zu machen. Es war eine wirklich gute Gelegenheit dazu. Eigentlich die beste, die sich einem in einer solchen Situation bieten kann.
Vielleicht würde sie mich ja gar nicht mehr in die Wohnung lassen, wenn ich zurückkam.
Ich streifte im dünnen Regen durch die Gegend auf der Suche nach einem Tabakladen. Ich brauchte jetzt auf jeden Fall eine Zigarette.
Ich mußte lange suchen, obwohl es in dieser Stadt sonst nur so wimmelt von Tabakläden. Erst nachdem ich eine stark befahrene Straße überquert hatte, fand ich einen. Noch im Laden riß ich das Päckchen auf und zündete mir eine Zigarette an.
Immer noch war ich entschlossen, mich davonzustehlen.
Ich will es nicht hören!
Hau ab, sagte ich mir.
Aber plötzlich war ich nicht mehr so recht davon überzeugt. Die Zweifel kamen mir, als ich aus dem Laden und zurück in den Regen trat.
Ich ging den Weg zurück, den ich gekommen war, nahm mir aber vor, noch bevor ich in ihre Straße kam, rechts in eine Seitengasse abzubiegen und mich dann immer weiter von ihr zu entfernen. Da fiel mir plötzlich ein, daß ich ihren Familiennamen nicht kannte und mir auch nicht ihre Türnummer gemerkt hatte, somit gar nicht wußte, welchen Knopf auf der Gegensprechanlage ich drücken sollte.
Hau ab. Hau doch einfach ab. Wie du es immer machst. Sonst pinkelst du

in den Ausguß. Oder du durchwühlst Kästen und Schubladen. Diesmal haust du einfach so ab.
Ich sah in einer Auslagenscheibe einen Mann in einem durchnäßten Anzug aus der Zeit meiner Jugend, dunkles Jackett, hellbraune Hose, dunkelblaues Hemd. Einfach scheußlich!
Ich warf meine Zigarette in die Pfütze vor meinen Füßen.
Er tat es mir gleich.
Sieh dich an. Dieser Anzug, den du trägst! Sie hat dich gezeichnet.
Ich winkte dem Mann in der Auslagenscheibe zu.
Sie hat dich gebrandmarkt.
Er winkte zurück.
Du gehörst ihr.
HAU AB!
Anna …
– – –
An der Gegensprechanlage standen nur die Familiennamen der Hausbewohner, keine Türnummern. Ich las die Namen mehrmals durch. Keiner paßte zu ihr. Keinen brachte ich mit ihr in Verbindung. Ich wollte beginnen, mich auf gut Glück durchzuklingeln, als ich aus dem Lautsprecher ihre Stimme hörte. Ich erkannte sie sofort.
Es tut mir leid.
Mir auch.
Ich weiß nicht … es ist alles so neu für mich …
Für mich auch.
Bist du naß geworden?
Ich werde noch nasser werden, wenn du mich nicht reinläßt.
Ich hörte sie lachen. Nein, nicht lachen. Ich *hörte* sie *lächeln.*
Laß mich rein.
Nur wenn du sagst, daß du mir verzeihst.
Es gibt nichts, was ich zu verzeihen hätte.
Doch. Ich habe mich saublöd benommen.
Hast du nicht.
Habe ich. Sag es. Und sag auch, daß du mir verzeihst.
Na gut, ich verzeihe dir.
Nein, sag: Du hast dich saublöd benommen, aber ich verzeihe dir.

He, ich stehe da unten im Regen. Und es regnet ganz schön im Moment. Kannst du mich nicht einfach reinlassen, und ich sag's oben zu dir?
Mhm, kam es gedehnt aus der Gegensprechanlage. Ich konnte sie lächeln hören.
Also schön: Du hast dich saublöd benommen, und ich verzeihe dir.
Aber, es heißt: *Aber* ich verzeihe dir, nicht: *Und* ich verzeihe dir. Du hast dich saublöd benommen, *aber* ich verzeihe dir.
Sie drückte den Türöffner, und ich schlüpfte ins Haus.

– – –

Ihre Haut war trocken und glatt, keineswegs weich, außer dort, wo die Haut von allen Frauen weich ist. Als ich spürte, daß sie soweit war, faßte ich mit den Armen unter ihren Achseln durch, schob meine Hände unter ihre Schulterblätter, hob ihren Oberkörper ein wenig an und versuchte, nicht zu denken, was ich immer – oder zumindest schon sehr lange – in einem solchen Moment denke, nämlich: *Sie lügt.*
Ich wollte gerne Vertrauen haben. Ich hätte ihr so furchtbar gern vertraut und meinen Kopf weggeschaltet, aber ... Gleich nachdem sie sich unter mir entspannte, glitt ich aus ihr und ließ mich seitlich abrollen. Berührungslos lagen wir eine Weile nebeneinander. Jeder für sich. So ist es immer. Dann drehte sie sich zu mir, legte mir ihre Hand auf die Brust. Das hätte sie nicht tun sollen. Das nicht! Ich starrte zur Decke. Immer geradeaus zur Decke. *Jetzt nichts sagen. Jetzt nicht. Jetzt nicht. Jetzt verdammt noch mal nicht.*
Ich nahm ihre Hand und entfernte sie von meiner Brust.
Sie verstand.
Sie verstand einen Augenblick zu spät.
Oder vielleicht hatte ich zu lange zugewartet und jenen Augenblick zu spät ihre Hand von meiner Brust genommen.
Ich kann nicht. Ich kann nicht. Ich k-anna ...
Es ist schön mit dir ...
Es sind die verdammten Medikamente. *Ich nehme sie, seit ...*
Pst.
Ich ...
Pssst.

Als ich aufwachte, wußte ich nicht, wie spät es war. Einen Moment kam ich mir verloren vor, so ganz ohne Zeit, aber dieser Moment meiner Zeitlosigkeit katapultierte mich wieder zurück in die Chronologie der Ereignisse, denn als Moment war er ein *Teil des Ganzen.*
Zum ersten Mal seit langem wußte ich nicht, wie spät es war. Sie saß aufrecht neben mir im Bett. Vielleicht hatte sie mich beobachtet, während ich schlief. Ich streckte meine Hand aus und berührte ihre linke Brust, als wollte ich mich an ihr festhalten und aus dem Sumpf der Zeitlosigkeit ziehen.
Knapp unter dem Schlüsselbein hatte sie einen dreieckigen krebsroten Fleck, wie von einer Verbrennung. Als ich sie dort mit dem Finger berühren wollte, zuckte sie zurück.
Woher hast du das, setzte ich an.
Sie spürte meine Frage, bevor ich sie stellen konnte, und gab mir zu verstehen, daß sie sie nicht beantworten würde. Dann sagte sie:
Es hat zu regnen aufgehört.
Ich drehte mein Gesicht in Richtung des Fensters. Tatsächlich, es hatte zu regnen aufgehört. Während ich geschlafen hatte, hatte es zu regnen aufgehört, und eine strähnige Sonne war durchgekommen.
Das waren Samstage, wie ich sie liebte. Sie erinnerten an so viel. Sie hatten etwas Schäbiges an sich, etwas Improvisiertes und Unentschlossenes. Vieles ließen sie offen.
Weißt du was …
Na was?
Weißt du, wohin ich gerne mit dir gehen möchte?
Ich wußte es.
Auf den Flohmarkt, sagten wir gleichzeitig.
Es konnte gar nicht anders sein. Wir waren ein Liebespaar. Und der Samstagnachmittag ist für ein Liebespaar die Zeit, auf den Flohmarkt zu gehen. Mit Anna …
Und danach in ein Café, sagte sie.
Und dann ins Kino, sagte ich.
Woher weißt du, fragte sie.
Keine Ahnung, schwindelte ich. *Ein Samstagnachmittag wie dieser. Flohmarkt. Kino. Es kann nicht anders sein.*

Sie merkte natürlich sofort, daß ich schwindelte. Ich richtete mich auf, griff ihr in den Nacken und küßte sie auf den Mund.
Sie ließ es geschehen.
Sie suchte einen anderen Anzug für mich. Diesmal hatte ich Glück, denn sie fand einen mit Jackett und Hose in der gleichen Farbe, die Aufschläge waren dezenter als beim anderen und die Stulpen weniger auffällig. Dazu ein weißes Hemd, leicht gestärkt. Ich sah richtig gut aus, fand ich. Sie war nicht so zufrieden, sagte aber nichts, suchte im Schrank und förderte – ich hatte es befürchtet – eine Krawatte zutage. Ich nahm sie widerspruchslos und band sie um, wie ich eben Krawatten binde. Sie schüttelte den Kopf, zerrte mir die Krawatte vom Hals und band sie nochmals, aber so, daß der Knopf ganz schmal war.
So hat man früher Krawatten gebunden, sagte ich. Von wem hast du das gelernt?
Mein Geheimnis, sagte sie schnippisch und stieg in ihren Slip, ließ den Gummizug gegen ihren Bauch schnalzen.

Wir fuhren mit der U-Bahn. Wir saßen nebeneinander und hielten uns an den Händen. Wahrscheinlich hatten wir das Gefühl, das tun zu müssen, wenn wir schon zusammen auf den Flohmarkt fuhren. Manchmal ließen wir los, aber nie für lange.
Es war viel los am Flohmarkt. Es ist immer viel los dort. Man trifft die unterschiedlichsten Menschen; Paare, die wie wir vorgaben, eines zu sein, Singles, Schnäppchenjäger, Touristen, Schaulustige, Leute, die alles anfassen müssen, andere, die Distanz halten zu den feilgebotenen Gegenständen und sie nur mit den Augen betasten, Stammkunden, die wissen, was sie suchen, viele der Händler kennen und sich mit ihnen unterhalten.
Ich wollte jetzt nicht an meine früheren Besuche mit Anna hier denken. Ich genoß es, hier zu sein, mit ihr. Sie war ganz aufgeregt. Sie gehörte zu denen, die alles anfassen müssen, in die Hand nehmen, hin und her drehen, ob sie es kaufen wollen oder nicht.
Es ist ein tolles Gefühl, sagte sie zu mir, als sie gerade ein Stück wieder zurück an seinen Platz legte. Sie rieb die Spitzen ihrer Finger aneinander.

Das Alte kribbelt so in den Händen, wenn man es anfaßt.
Ich bin einer von denen, die mit den Augen schauen und nicht mit den Händen, und kannte daher das Gefühl nicht. Das sagte ich ihr auch.
Komm, forderte sie mich auf und griff nach meiner Hand, komm, das mußt du erleben.
Ich wollte nicht, ließ es aber mit mir geschehen. Sie nahm meine Hand und legte ihn auf einen Gegenstand. Es war ein Gipskopf auf einem Sockel. Sie legte meine Hand auf den Scheitel, hielt sie dort einen Moment lang fest, bevor sie ihre Hand von der meinen zog, um mich spüren zu lassen.
Ich fühlte gar nichts. Nur die Kühle des Materials.
Und ihren erwartungsvollen Blick auf mir.
Hmh, machte ich schließlich.
Du fühlst nichts?
Ich wollte nicht lügen und sagte: Nein, gar nichts.
Laß deine Hand noch ein wenig dort liegen.
Ich tat es, ihr zuliebe. Weil sie es so wollte. Um ihr den Gefallen zu tun. Nur deshalb. Ich nahm mir fest vor, auch diesmal nicht zu lügen, wenn sie mich fragen sollte.
Doch sie fragte mich nicht, sondern ging schließlich weiter. Ich folgte ihr. War auf der Hut. Ich verstand soviel an ihr nicht, daß ich vorsichtig sein mußte, damit es nicht wieder zu einer solchen Reaktion kam wie am Vormittag bei dem Gummizeug.
Sie wühlte in einem Pappkarton mit alten Brillen, setzte die eine oder andere auf, wollte meine Meinung hören.
Du siehst witzig damit aus, sagte ich.
Witzig?, blickte sie mich über den Brillenrand an.
Ja, du brauchst nur noch einen Hut mit breiter Krempe und ein paar von diesen langen Ketten mit Holzkugeln, dann kannst du *Sugar and Spice* singen …
Sie summte die ersten Takte von *Sugar and Spice* und wackelte dabei mit dem Kopf, legte dann die Brille wieder in den Karton, als wäre sie ihrer überdrüssig.
Wir schlenderten weiter, die Arme umeinandergelegt. So konnte uns das Gedränge und Geschiebe ringsum nicht auseinanderbringen.

Willst du dich nicht bei den Büchern umsehen? Ich bin mir sicher, du hast dich immer durch die Bücher gewühlt, wenn du früher hier warst.
Das war richtig. Durch die ungeordneten Bücherstapel und die Kisten mit abgegriffenen Langspielplatten. *Anna hatte immer …*
Anna ist tot.
Sie ist tot und hat hier nichts mehr verloren.
Sie stand die ganze Zeit neben mir, während ich die Titel auf den Buchrücken las. Ich schlug ein Buch auf, hielt es ihr hin: Riech mal.
Sie roch und sagte gedehnt: Ah, das ist es also, worauf du stehst.
Der Geruch ist einmalig, findest du nicht?
Ich mag die braunen Flecken, die sich an den Rändern der Seiten bilden.
Ich erklärte ihr den chemischen Prozeß, der dazu führt.
Es sieht trotzdem ekelig aus. Als sei das Papier mit etwas total Unanständigem in Berührung gekommen.
Es ist die Zeit, die das macht. Die Zeit ist nicht unanständig.
Das war ihr zu hoch. Jedenfalls tat sie so. Sie stellte sich gerne dümmer, als sie war, das hatte ich mittlerweile begriffen und konnte es bei unserem Gang durch die Reihen der Marktstände noch öfter an ihr beobachten. Sie wollte das kleine Dummchen sein, das sich keinen schweren Kopf macht. Ich kannte den Typ von Frau, und ich muß sagen, sie war gut im Verstellen. Einmal nahm ich es ihr sogar wirklich ab. Und einmal ist viel.
Sie hatte einen schmalen Band aus einer Kiste gefischt und brachte ihn mir, stolz wie ein Kind, das sich einbildet, etwas ganz Besonderes gefunden zu haben.
Der Band war in einem miserablen Zustand. Der Buchrücken war abgegangen, das Titelblatt herausgerissen worden. Ich schlug das Büchlein auf, es fiel beinah an der Stelle auseinander:
Was hilft es, von den langen, langen Stunden übermenschlichen Entsetzens zu erzählen, in denen ich die raschen Schwingungen des Stahls zählte! Millimeter um Millimeter – man konnte es nur in Abständen feststellen, die wie Jahre schienen – sank er tiefer und immer tiefer. Tage vergingen – vielleicht vergingen viele Tage, ehe er so dicht über mir schwebte, daß er mir seinen beißenden Atem zufächelte. Ich betete – ich machte den Himmel müde mit meinen Gebeten …

Poe, sagte ich und klappte das Buch zu. Wie Kenner ein Buch zuklappen, das ihnen nichts Neues zu sagen hat. Edgar Allan Poe.
Sie war enttäuscht. Wie ein Kind enttäuscht ist, dem man sagt, daß die grünen Glassplitter, die es gefunden hat, keine Edelsteine sind.
Poe, sagte sie überlegend, Poe … Hatte er nicht diese Frau?
Ja, sagte ich, Virginia.
Sie war ganz jung, als er sie heiratete, nicht wahr?
Ja, sie war keine vierzehn. Und sie war schon damals todkrank.
Ich bilde mir ein, einmal irgendwas darüber gelesen zu haben. Hat er gewußt, daß sie krank war?
Ja. Man sagt, er habe sie sogar deswegen geheiratet.
Wegen ihrer Krankheit, meinst du?
Wegen ihrer Krankheit, und weil sie bald sterben wird.
Aha, machte sie und sah zu Boden.
Er hat kaum etwas verdient mit seiner Schreiberei, fuhr ich fort, hat nichts besessen als einen alten Militärmantel. Mit dem hat er sie zugedeckt, als es zu Ende ging.
Wir schwiegen. Jeder für sich. Der Händler sah zu uns herüber. Behielt uns im Auge.
Ich nehme es, sagte ich schnell, um das Schweigen zu brechen, und hielt ihm den Band hin, und zu ihr: Ich will es dir schenken.
Nein, sagte sie. Ich will es nicht haben. Und zog mich rasch fort, legte wie vorhin ihren Arm um mich, drückte sich fest an mich. Ich ließ mir Zeit damit, meinen Arm um ihre Schultern zu legen. Als ich es schließlich tat, lehnte sie im Gehen ihren Kopf an meine Schulter.
Ich verstand nichts. Überhaupt nichts.
Was weißt du sonst noch über ihn?
Über Poe?
Ja.
Nicht viel.
Sie fragte noch ein bißchen über Poe, merkte aber bald, daß ich nicht reden wollte. Nicht über Poe. Der war mir gleichgültig. Und ihr auch. Nicht über Poe, sondern über das Thema, auf das er uns unweigerlich bringen mußte. Der Tag war zu gut für den Tod. Die Menschen um uns schienen glücklich zu sein. Jedenfalls gaben sie sich viel Mühe. Die Händler

machten gute Geschäfte und zufriedene Gesichter. Obwohl sich der Himmel irgendwann eintrübte, sah es nicht nach Regen aus. Ich fühlte mich wohl in dem Anzug, den sie für mich ausgesucht hatte. Sie warf mir vor, ich sei eitel, als ich mich in einem großen Spiegel, der stark verzerrte, betrachtete.
Wir gingen von Stand zu Stand. Sie befingerte noch manches Stück. Zum Spaß versuchte sie auch einmal zu handeln. Ich wußte genau, daß sie nicht die Absicht hatte, das Ding zu kaufen, um das sie feilschte. Vielleicht war sie deshalb auch nicht gut im Handeln.
Sie blätterte an Ständern mit alten Kleidern wie in Büchern, nahm eines, hielt es sich an. Es hätte zu ihr gepaßt, aber sie hängte es wieder zurück. Über alten Messingbeschlägen geriet sie ins Schwärmen und erzählte, wie sie als Kind die Messingklinken an den Türen hatte putzen dürfen. Meine Mutter hat sie eingeschmiert mit so einem Mittel, das ganz furchtbar roch, und ich habe sie dann mit einem Tuch blank reiben dürfen.
War das in der Wohnung, in der du jetzt ...
Sie nickte. Damit war das Thema beendet.
Im hinteren Teil des Marktes verkauften die Ausländer. Dort sah es anders aus. Die Kisten und Kartons waren teilweise umgestürzt, die Ware – ausgetretene Schuhe, halb in Fetzen gerissenes Gewand – lag auf dem Pflaster verstreut. Den meisten Dingen, die man dort sah, merkte man an, daß sie aus keiner Verlassenschaft stammten, sondern aus Mülltonnen und Containern. Es herrschte viel Geschrei. Die Händler riefen Vorbeigehenden zu, winkten sie zu sich.
Herrlich, jubelte sie.
Es war nicht festzustellen, welche Kisten und Kartons zu welchem Händler gehörten. Wem man ein Stück hinhielt, der kassierte.
Ein Blumentischchen erinnerte mich an meine Kindheit.
Das sagte ich ihr auch.
Vielleicht ist es genau das Tischchen, das ihr zu Hause gehabt habt, gab sie mir zur Antwort.
Ich schüttelte über diesem Gedanken versonnen den Kopf.
Warum nicht, beharrte sie. Es wäre doch möglich. Weißt du, was mit deinem Tischchen passiert ist?

Ich nickte vorschnell, war mir aber dann nicht sicher. Eigentlich wußte ich nicht, wo der Tisch abgeblieben war. Er war in der Ecke beim Fenster gestanden. Ein Gummibaum stand darauf. Ich weiß noch, daß ich als Kind die Spitzen seiner Blätter abbrach und fasziniert war von dem milchigen Tropfen, der aus dem Blatt quoll. *Weißes Blut.*
Irgendwann war das Tischchen verschwunden.
Da siehst du. Vielleicht ist es genau das Tischchen. Kauf es dir, drängte sie, wir kaufen es, komm, laß es uns kaufen.
Blödsinn.
Gar nicht Blödsinn. Hol es dir zurück.
Nein.
Doch. Warum nicht?
Weil es nicht *das* Tischchen ist.
Woran merkst du das?
Ich weiß es.
Du weißt gar nichts.
Es hatte eine andere Tischplatte.
Das sagst du jetzt nur so.
Nein, ich weiß es. Die Platte war mit einem schlechten Lack bestrichen, der … ich weiß es einfach.
Blablabla, machte sie.
Es ist nicht mein Tischchen. Ich … ich fühle es.
Das ist etwas anderes, sagte sie ernsthaft. Wenn du es *fühlst*, dann ist es etwas ganz anderes, und stürzte im nächsten Moment auf einen halbverwüsteten Stand zu. Sie bückte sich nach etwas, das auf dem Boden lag. Ich konnte nicht sehen, was es war. Und sie wollte auch nicht, daß ich es sah, so schnell wie sie es dem Händler hinhielt, zahlte und von ihm verlangte, er solle es in eine Plastiktüte tun. Strahlend kam sie zu mir, die Tüte mit beiden Armen gegen ihre Brust gedrückt.
Ich fragte nicht, was es war, obwohl ich spürte, daß sie gerne von mir gefragt worden wäre, um mir die Antwort verweigern zu können.
Später sagte sie: Willst du nicht wissen, was ich gekauft habe?
Nein, gab ich ihr zur Antwort.
Interessiert es dich nicht?
Schon, aber ich will es nicht wissen, wenn du es mir nicht sagst.

Du bist lieb, und strich mir mit der Hand über die Wange.
Sie war wahnsinnig vergnügt, als wir den Flohmarkt verließen.
Gehst du gerne in Museen, wollte sie dann wissen, weil wir gerade an einem vorbeigingen. Wir könnten morgen in eines gehen. Es gibt ein paar tolle Ausstellungen, die ich gerne sehen mö … Sie hielt mitten im Wort inne, entschuldigte sich, sagte kleinlaut: Vielleicht bist du morgen nicht mehr da.
Unsinn, sagte ich. Klar bin ich da.
So klar ist das nicht …
Wir überquerten gerade eine Kreuzung. Sie war stehen geblieben, mitten auf dem Zebrastreifen. Die Ampel sprang auf Rot.
Willst du hier mitten auf der Fahrbahn ein Beziehungsgespräch führen, hakte ich mich bei ihr ein und zog sie auf den Gehsteig. Hinter uns fuhren die Autos los.
Du hast recht, sagte sie. Entschuldige, ich …
Wenn wir morgen noch zusammen sind, schnitt ich ihr das Wort ab, sehen wir uns eine Ausstellung an, in Ordnung?
Ich gehe auch gerne auf Vernissagen, sagte sie im Ton eines vertraulichen Geständnisses und so, als wäre das etwas ganz Schreckliches, das man nicht jedem erzählt.
Ich auch. Da kann man sich ganz unmöglich aufführen, und keiner sagt was, alle schauen komisch, aber niemand traut sich.
Der Wein, den sie hinterher servieren, ist furchtbar.
Und die Brötchen immer alt.
Wenn's überhaupt Brötchen gibt.
Ja, meistens gibt es nur schlechten Wein und ein paar Salzstangen.
Wir mußten immer auf irgendwelche Vernissagen von Bekannten von uns gehen.
Wer *wir?*
Mein Vater und ich, sagte sie schnell, wie um es sich nicht anders überlegen und abwinken zu können.
Irgendwie erschrak ich, als sie zum ersten Mal ihren Vater erwähnte. Ich wußte nicht warum. Durch die Erwähnung ihres Vaters stellte sich eine Vertraulichkeit zwischen uns ein. Vielleicht war es ja ihre Absicht, daß wir vertraulich miteinander umgingen.

Darf ich dich was fragen?
Wenn es sein muß.
Es muß nicht sein.
Doch ... frag mich ... komm schon, frag mich, was du wissen willst.
Ich zögerte, dann: Ist der Anzug, den ich trage, von deinem Vater?
Ja, kam es, sehr sachlich, feststellend, endgültig.
Ich trug den Anzug eines Toten. Es war mir in diesem Moment sonnenklar, daß er tot war. Und daß er noch nicht lange tot war. Auch das. Und daß der Umstand, daß sie wie ich zu den Sterbenden ging und ihnen zusah, sie beobachtete, etwas zu tun hatte mit dem Tod ihres Vaters, so wie bei mir mit Anna ...

Wir wählten ein Café, das für keinen von uns beiden irgendwelche Erinnerungen barg. Wir brauchten uns nicht abzusprechen. Es war klar, daß wir uns in kein Café setzen würden, das sich für sie oder für mich noch mit etwas anderem verband als mit diesem Samstagnachmittag, der sich unaufhaltsam der Kippe zum Abend näherte.
Sie faßte über den Tisch nach meinen Händen und ließ sie erst los, als der Ober kam, um unsere Bestellung aufzunehmen. Wir rauchten ein paar Zigaretten. Ich studierte ihre Art, wie sie die Asche am Rand des Aschenbechers abstreifte. Sie machte es nach ein, zwei Zügen, während ich die Zigarette bereits halb geraucht hatte, bevor ich sie zum ersten Mal zum Aschenbecher führte.
Wollen wir ein paar Zeitungen durchblättern?
Von mir aus.
Willst du?
Ja.
Ich las sonst nie Zeitungen im Café. Es gibt so viel zu übersehen, zu verpassen und versäumen, wenn man eine Zeitung zwischen sich und die Wirklichkeit hält.
Sie ging zum Tisch mit den Zeitungen und Zeitschriften und wählte einen ganzen Stoß aus, für mich Zeitungen mit dicken Wochenendbeilagen, für sich Illustrierte und Modemagazine.
Aber du darfst mir nichts vorlesen, auch wenn es noch so interessant

ist, oder mir irgendwelche gezeichneten Witze zeigen, die ich ohnehin nicht verstehe, abgemacht?
Und du darfst mich nicht fragen, wie ich ein Kleid finde. Ich will auch nichts von den unglücklichen Liebschaften irgendwelcher Schauspielerinnen hören. Und schon gar nicht darfst du mit mir irgendeinen von diesen Partnertests machen.
Du kennst dich ja gut aus. Hat das mal jemand mit dir gemacht?
Wenn du es genau wissen willst ...
Will ich nicht, sagte sie rasch und begann überstürzt in ihren Illustrierten zu blättern.
Beim Umblättern befeuchtete sie ihre Fingerspitze an der Unterlippe. Während sie konzentriert las, strich sie sich mehrmals eine vorfallende Haarsträhne hinters Ohr. Ich vertiefte mich ins Feuilleton, las aber nicht, das heißt, ich las, aber es interessierte mich nicht, was ich las, sondern ich dachte nach, meine Gedanken vermischten sich mit den Sätzen, die ich automatisch las.
Ich dachte über *uns* nach. Ich dachte, daß es seltsam war, wie es zwischen uns lief. Ich dachte, daß mir so etwas noch nie passiert war, und wenn man bedenkt, in welche Situationen ich mich schon gebracht hatte, seit ... *Hör auf!*
Also, wenn man sich einmal überlegt, was ich schon alles inszeniert hatte, nur um *auch das* erlebt zu haben, dann wird man verstehen, warum ich *das jetzt* seltsam fand.
Ich fragte mich, was ich für sie empfand. Ich konnte mir darauf keine Antwort geben, denn es war auch keine wirkliche Frage, die ich mir stellte, sondern ich stellte einfach fest, daß ich für sie *etwas* empfand, das über Gleichgültigkeit hinausging.
War nicht alles, was ich bisher gemacht hatte, vielleicht nur der Versuch gewesen, die Gleichgültigkeit zu überwinden? Wollte ich nicht damit, daß ich in Abwaschbecken schiffte, daß ich Schränke und Laden durchwühlte und mich wie ein Dieb dabei ertappen ließ, die Frauen, denen ich das antat, in Situationen bringen, denen sie nicht gewachsen waren? Hoffte ich nicht insgeheim, daß sie so überemotional reagierten, daß ein überschüssiger Funken ihrer Empfindungen auf mich überspringen würde?

Die, die mir damals *Drecksau* nachgeschrieen hatte, war ganz in Ordnung. Der Ekel, der in ihr hochgestiegen war, als sie mich beim Pinkeln erwischte, war so groß gewesen, daß ich mich hinterher selber schlecht dafür fühlte, was ich getan hatte. Und die Angst, die diese Was-wollen-Sie-Stammlerin empfunden hatte, hatte für uns beide ausgereicht. Ich war mir wirklich wie ein Dieb vorgekommen, der davonläuft. Das war das Schönste an der Sache gewesen.
Jetzt saß ich einer Frau gegenüber, mit der ich vor – ich brauchte nicht auf die Uhr zu sehen, um es zu wissen – dreiundzwanzig Stunden vor einer Glasscheibe gestanden und Todkranke beobachtet hatte. Ich trug den Anzug ihres toten Vaters. Wahrscheinlich hatte sie ihm immer die Krawatte binden müssen, darum konnte sie es so gut. Ich war mir sicher, daß er auch Gummizeug und Eibischteigpastillen gemocht hatte. Eins fügte sich zum anderen. Hatte sie nicht gestern, als wir vor der Glasscheibe standen, gesagt, sie hätte vor drei Wochen jemanden sterben sehen? – – – Je länger ich darüber nachdachte, umso verständlicher wurden mir ihre Reaktionen.
Über den Rand einer unsäglich langweiligen Wochenendbeilage hinweg blickte ich zu ihr hinüber. Sie trank gerade einen Schluck Kaffee, ohne den Blick von dem Bericht zu nehmen, den sie gerade las.
Mit den Augen strich ich über ihren Haaransatz. Hätte mir jemand jetzt gesagt, daß ich vor sechzehn Stunden neben ihr gelegen und mich damit abgemüht hatte, mir ihr Gesicht ins Gedächtnis zu rufen, ich hätte ihn der Lüge bezichtigt. Ihr Gesicht war nicht zu vergessen. Es war nicht schön, sondern ganz einfach. Ich mag den Ausdruck *ganz einfach*. Er sagt so verdammt viel. Etwas ist *ganz einfach*. Das finde ich schön. Sie merkte, daß ich sie ansah. Frauen haben ein Gespür dafür. Das klingt jetzt sehr banal und verallgemeinernd, aber es ist so. Sie fühlen Blicke irgendwie wie physische Berührungen. Vielleicht weil sie eine feinere Haut haben. Blödsinn! Es hat nichts mit der Haut zu tun. Es trifft auch nicht auf alle Frauen zu. Nicht einmal auf die meisten. Ich habe viele angestarrt, und sie haben gar nichts bemerkt.
Aber sie wußte ganz genau, daß ich sie ansah. Ihr Zeigefinger hatte sich eben der Unterlippe genähert, hielt inne in der Bewegung, irgendetwas in ihrer Haltung wurde steif. Rasch hob ich die Beilage hoch, so daß ich

sie nicht mehr sehen konnte. Zu spät.
Schau mich bitte nicht an, wenn ich lese. Ich mag das nicht.
In Ordnung, ließ ich mich von hinter der Zeitung vernehmen.
Ich spreche mit dir. Also nimm gefälligst die Zeitung vom Gesicht.
Ich tat, was sie verlangte. Wir sahen einander an.
Ich will nicht, daß du mich so anschaust.
Wie schaue ich dich an?
Na so, machte sie vor.
So habe ich nicht geschaut.
Du hast verliebt geschaut. Und sag jetzt nicht, kam sie meinem Widerspruch zuvor, du hättest nicht verliebt geschaut.
Kann schon sein, daß ich verliebt geschaut habe, und?
Tu es nicht wieder … bitte …
Sie beugte sich wieder vor und las weiter in einem Artikel über Ich-weiß-nicht-was. Ich legte die Wochenendbeilage weg. Es war mir zu dumm, sie die ganze Zeit in der Hand zu halten. Ich zündete mir eine Zigarette an und sah durch die große Glasscheibe, in die der Name des Cafés in schwungvoller Schrift eingeätzt war, nach draußen. Sah den Menschen zu, die auf der Straße vorbeigingen. So lange sah ich ihnen zu, bis ich den Eindruck hatte, sie gingen nicht vorbei, sondern hin und her. Ich bildete mir ein, daß die, die von links nach rechts am Café vorbeigingen, einige Zeit später wieder von rechts kamen und nach links gingen, und die, die …, und manche kamen immer wieder von links und gingen nach rechts, als seien sie auf einer Umlaufbahn und kehrten in großen Bögen stets zum Café zurück. Ich kannte das von den fremden Städten, in denen ich nach Annas Tod gewesen und durch die ich geirrt war, periodisch an Orte zurückkehrend, ohne zu wissen wie und warum.
Ich sah den Brunnen, der in der Mitte des Platzes stand. Touristen werfen Münzen hinein, als sei es der Trevi-Brunnen, aber es ist nur ein ganz gewöhnlicher Brunnen. Abends kommen die Obdachlosen, die Bettler und Penner und steigen in den Brunnen, um sich die Münzen aus dem Wasser zu holen. Ich bin in einer bestimmten Zeit oft am Rand dieses Brunnens gesessen. Man hat von dort einen guten Blick über den Platz. Ich weiß nicht, auf wie vielen Touristenphotos von dem

Brunnen ich mit oben bin. Überhaupt würde mich interessieren, was die Menschen denken, wenn sie sich ihre Urlaubsphotos ansehen; ich meine, was sie denken über die fremden Menschen, die auf den Photos zu sehen sind. Vielleicht nehmen sie sie gar nicht wahr, sondern schauen nur auf das, was sie auf dem Bild festhalten wollten, sehen gar nicht, was sie *tatsächlich* photographiert haben. Oder vielleicht achten sie bloß nicht *darauf*. Es interessiert sie gar nicht, ist ihnen vollkommen gleichgültig.
Bist du eigentlich beleidigt, weil ich vorhin zu dir gesagt habe, du sollst mich nicht so anschauen?
Nein.
Sei ehrlich.
Nein, ich bin nicht beleidigt. Es ist schon in Ordnung ...
Es klang ziemlich überzeugend, wie ich es sagte, fand ich.
Woran denkst du?
An nichts.
Das gibt es nicht. Man denkt immer an irgendetwas.
Willst du wirklich wissen, woran ich gedacht habe?
Sag schon.
Na gut, ich erzählte ihr alles, woran ich vorhin gedacht hatte, der Brunnen, die Touristen, die Münzen hineinwarfen, die Obdachlosen, die sie herausfischten. Ich erzählte ihr von den Photos und meinen diesbezüglichen Überlegungen. Meine Erinnerungen an die fremden Städte ließ ich weg, weil sie vielleicht nachgefragt hätte, wann das war, warum ich dort gewesen bin, und ich wollte sie nicht belügen, auf die Schnelle irgendeine Geschichte erfinden oder mir jemanden ausdenken, mit dem ich dort gewesen sein konnte außer mit Anna. Ich erzählte sehr detailliert, sie sagte erstaunt:
Das ist ja wirklich *nichts*.
Ich habe es dir gleich gesagt, daß ich an nichts gedacht habe. Ich weiß nicht, was du dir erwartet hast.
Denkst du öfter so?
Ständig.
Wirklich? Ich meine ... du denkst andauernd an solches Zeug ...
Sie konnte es gar nicht fassen.

Ja. Es kommt von ganz allein. Ich brauche nur etwas sehen und mir fällt etwas dazu ein, und zu dem, was mir einfällt, fällt mir wieder was ein, und so geht das immer weiter.
Sie schüttelte den Kopf.
Manchmal denke ich dann alles, was ich gedacht habe, noch einmal, von hinten nach vorn, bis ich wieder ganz am Anfang bin.
Warum tust du das?
Damit ich sicher bin, daß ich mich an alles erinnern kann, was ich gedacht habe. Und daß ich nicht falsch gedacht habe, oder meine Gedanken sich im Kreis drehen.
Glaubst du nicht, daß das ein bißchen verrückt ist?
Ich weiß nicht. Ich habe noch nicht darüber nachgedacht ...
Aber ganz normal ist es nicht. Das mußt du zugeben. – Da sitzt ein Mann da und sieht verdammt gut aus ...
Danke, danke, winkte ich beschwichtigend ab.
Nichts zu danken ... Jedenfalls, dieser Mann sitzt da und denkt sich so ein Zeug aus.
Nein, nein. Du hast da was mißverstanden. Er denkt nicht *sich* so etwas. Er denkt es einfach. Das ist ein großer Unterschied. *Sich etwas denken*, das klingt nach Ausdenken, Erfinden, aber so ist es nicht. Ich denke einfach. Ich fange an und denke weiter, einen Gedanken nach dem anderen.
Seit wann machst du das schon?
Ich zuckte mit den Schultern. Noch niemand hatte mich danach gefragt. Kann sein, daß ich deshalb keine Antwort wußte. Ich hätte sagen können: Seit ich ein Kind war. Das wäre nicht gelogen gewesen. Ich weiß wirklich nicht, wie lange ich das schon so mache. Irgendwann muß es angefangen haben, zu einer Zeit, an die ich mich nicht erinnern kann oder erinnern will.
Ist es dir unangenehm, wenn ich dich so etwas frage?
Ich zögerte, nickte dann.
Warum ist es dir unangenehm?
Ich weiß nicht ... vielleicht weil ich mir dann irgendwie komisch vorkomme ... so ... abartig ... irgendwie pervers ... oder behindert ... defekt ... ach, ich weiß es nicht ...
Nein, sprich jetzt darüber!

Und wenn ich nicht will?
Willst du nicht?
Nein, ich will nicht.
Auch gut.
Schweigen. Wir saßen da. Sahen einander an. Irgendwie lauernd. Uns trennte im Moment viel mehr als der Tisch zwischen uns.
Dann sagte sie, unvermutet und leise, sanft, zurückhaltend:
Würdest du mir von dir erzählen, wenn ich dich frage?
Ich kam ihr ganz blöd: Würdest *du* es tun, wenn *ich* dich frage?
Sie machte eine wegwischende, alles verscheuchende, abschließende Bewegung mit der Hand.
Welchen Film wollen wir uns anschauen? – Sie war jetzt wieder ganz geschäftig, rupfte aus der Tageszeitung die Seite mit dem Kinoprogramm und las mir alle Filmtitel der Reihe nach vor. Bei manchen Filmen schüttelten wir gleichzeitig den Kopf, bei anderen fing sie mit Kopfschütteln an, und ich stimmte ein. Aber nie sagte einer von uns über einen Film: Den habe ich schon gesehen. Wir vermieden das peinlichst, als wäre es ein dunkler Punkt in unserer Vergangenheit, über den wir nicht reden wollten.
Als wir das Café verließen, meinte sie: Weißt du eigentlich, daß wir schon einen ganzen Tag zusammen sind?
Kaum hatte sie den Satz ausgesprochen, sagte sie: So ein Mist, ließ mich stehen, lief ins Café zurück und kam kurz darauf mit der Plastiktüte vom Flohmarkt wieder heraus.
Ich vergesse immer irgendetwas, plapperte sie, sich bei mir einhängend. Ich kann hingehen, wo ich will, und mir noch so oft sagen, du darfst das ja nicht liegen lassen. Ich tu's trotzdem.
Was hast du eigentlich gekauft?
Möchtest du gerne wissen, was?
Ja-a, sagte ich gedehnt.
Wirst du schon sehen. Sei nicht neugierig. Kann dir nicht gleichgültig sein, was ich mache?
Wenn ich ehrlich sein soll: Nein.
Sie blieb stehen. Ich wußte, was jetzt komme würde. Ich sah es sofort an ihrem Gesicht. Und es kam …

Hast du das wirklich sagen müssen?
Ja. Ich habe es sagen müssen. Ich wollte nicht lügen.
Warum? Warum sagst du so etwas? – – – Sie spielte nicht die Verzweifelte. Sie war verzweifelt. Herrgott, jammerte sie, den Tränen nahe, alles ist so toll gelaufen bisher, und dann mußt du so etwas sagen!
Ich kam mir sehr schuldig vor, wußte aber eigentlich nicht, was ich falsch gemacht hatte, und hatte verflucht noch mal keine Lust, noch so eine Szene zu erleben wie die heute Vormittag mit dem Gummizeug und dazu noch auf offener Straße.
Halt den Mund, sagte ich zu ihr. Halt jetzt einfach den Mund und hör auf, dich wie eine Verrückte aufzuführen.
Das wirkte. Wir gingen weiter. Ich ging so rasch, wie ich immer ging, und sie trottete fügsam neben mir her, versuchte, Schritt zu halten. Als wir beim Kino ankamen, war alles wieder so, als sei nichts gewesen. Sie lachte und witzelte mit mir beim Anstehen vor der Kasse. Sie wollte ganz hinten sitzen, in der letzten Reihe, und daß ich bezahlte.
Du *mußt* bezahlen, sagte sie. Der Mann bezahlt, und die Frau steht daneben und bekommt dann die Kinokarten zur Verwahrung. Laß es uns so machen, bitte ...
Ich nickte.
Dann gehen wir ans Buffet, und ich darf mir etwas aussuchen. Während ich noch aussuche, mußt du deine Brieftasche in der Hand halten und ungeduldig sein. Und ..., sie verschluckte sich, so hastig redete sie, und du mußt ein Achtel Wein trinken. Weiß ... nein ... rot ... oder doch weiß ... ein Achtel Weißwein, versprich es mir ...
Ich versprach es.
Wir bekamen die letzten beiden freien Plätze in der hintersten Reihe. Ich zahlte, sie hielt die Karten in der Hand. Am Buffet suchte sie sehr lange aus, änderte mehrmals ihre Bestellung, die Leute hinter uns wurden schon ungeduldig, bis sie sich schließlich – wie originell! – für Popcorn und Cola entschied. Ich nahm ein Achtel Weißwein, wie versprochen. Ich mußte ihn aber rasch trinken, denn die Werbung lief bereits, und man durfte Gläser nicht in den Saal mitnehmen.
Der Film interessierte mich nicht. Es ging um irgendein Mathematikgenie, das besessen davon war, eine zweihundertsechzehnstellige Zahl

zu finden, die meiste Zeit vor seinem Computer saß und dazwischen immer wieder mal rasende Kopfschmerzen hatte. Daß die Zahl, nach der er so verrückt war, zweihundertsechzehn Stellen hatte, habe ich mir nur gemerkt, weil es ständig im Film gesagt wurde.
Sie schob sich mit starrem Blick auf die Leinwand ihre Popcorn in den Mund. Die Cola-Dose hatte sie zwischen ihre Knie geklemmt. Ich griff in die Popcorntüte, um den sauren Geschmack von dem viel zu kalten billigen Wein zu vertreiben. Dann bekam ich Durst und trank von ihrer Cola, und als ich die Dose wieder zwischen ihre Knie klemmen wollte, gab sie mir – ich weiß nicht, wie – zu verstehen, daß ich meine Hand dort lassen sollte. Also ließ ich sie dort, bis der Film zu Ende war. Ich bewegte sie nicht. Ich ließ sie ganz ruhig liegen.
Kein einziges Mal drehte ich mich zu ihr, obwohl ich große Lust hatte, sie anzusehen. Ich habe es immer gemocht, wenn das Licht der Kinoleinwand auf Annas Gesicht fiel.
Aber bei ihr widerstand ich der Versuchung, konzentrierte mich auf den Film. Doch er blieb für mich eine Aneinanderreihung von Bildern, schrägen Einstellungen, verrückten Perspektiven, durchaus gut gemacht. Hin und wieder tauchten die Zweige von Birken im Wind auf. Es war eine Art Leitmotiv. Es war ein wirklich schönes Bild, aber nach dem zweiten, dritten Mal hatte man sich sattgesehen, und dann waren es nur *Birkenzweige im Wind.*
Alles verliert in der Wiederholung.
Ich wußte, daß der Gedanke nicht von mir war, aber mir fiel nicht ein, von wem er sonst sein könnte. Die Wiederholung zehrt an der Substanz. Nein, nein, das hat nichts mit Entzauberung zu tun. Oder vielleicht doch. Schon möglich, daß es um Einmaligkeit und Unwiederbringlichkeit geht, daß etwas, das sich wiederholt, an Wert verliert, und erst, wenn es aufgehört hat wiederzukehren und ausbleibt für immer, begreift man, daß es in all seinen Wiederholungen trotzdem einmalig gewesen und nun unwiederbringlich verlorengegangen ist. So ungefähr jedenfalls …
Ich stahl mich aus dem Film. Während die Bilder vor meinen Augen liefen, dachte ich an alles Mögliche, vor allem an sie. Ich dachte an sie, als säße sie nicht neben mir, sondern wäre weit weg, als läge sie hinter

mir, und jeder Gedanke an sie sei nichts als eine Erinnerung. Ich machte das öfters. Ich nannte das *Nagelprobe.* Die wenigsten Menschen bestanden sie. An die meisten ließ sich denken, als hätte ich sie längst aus den Augen verloren, und sie fielen mir jetzt nur so ein, ganz zufällig. Bei ihr war es ähnlich. Zuerst. Ich dachte an sie, indem ich mir vorstellte, ich säße im Kino, sähe einen Film und würde mich daran erinnern, wie ich einmal mit ihr im Kino gesessen und einen Film angesehen hatte. Ich dachte an sie, wie ich an Anna dachte, nur mit dem Unterschied, daß ich nicht an Anna denken konnte, ohne daß mir einfiel, daß sie tot war. Aber sie war genauso wehrlos wie Anna, denn nicht der Tod macht die Menschen wehrlos, sondern die Erinnerung. Ich dachte an den Film, den wir damals gesehen hatten. Ein Film über ein Mathematikgenie, das eine zweihundertsechzehnstellige Zahl finden will, die meiste Zeit vor seinem Computer hockt, dazwischen von rasenden Kopfschmerzen heimgesucht wird, die davon kommen, daß es als Kind einmal zu lange in die Sonne geschaut hat. Das war also der Film, den wir damals gesehen hatten. Und sie, ich weiß es noch, hatte Popcorn gegessen und Cola getrunken. Wie originell!

Sie war eine ziemliche Hysterikerin. An die Szene, die sie mir wegen irgendwelchem Gummizeug gemacht hatte, wollte ich gar nicht denken. Doch dachte dann schon daran und fand sie einfach peinlich und unnötig. Auch daran erinnerte ich mich, daß ich dann Zigaretten holen gegangen war; mir fiel ein, daß ich mich eigentlich hätte aus dem Staub machen können, aber es nicht getan hatte.

Irgendwo war sie verrückt. Total durchgeknallt. Man merkte es ihr nicht sofort an, aber früher oder später kam man um die Einsicht nicht drum herum. Mit ihrer Verrücktheit erwischte sie einen. Ihr Vater war gestorben. Wir haben nie darüber gesprochen. Wir haben überhaupt wenig über unsere Vergangenheit geredet. Ich habe ihr nie von Anna erzählt. Jedenfalls war ihr Vater tot. Ich trug einen seiner Anzüge an dem Tag, als wir im Kino waren. Weiß der Teufel, warum sie alle seine Anzüge fein säuberlich im Schrank aufhob. Ich vermutete, daß der Tod ihres Vaters sie verrückt gemacht hatte. Nein, sie war ja gar nicht verrückt, sondern einfach nur überspannt. Der Tod dürfte sie ziemlich mitgenommen haben. Wahrscheinlich hatte ihr Vater lange zum

Sterben gebraucht, sich Zeit gelassen, das hatte sie so fertiggemacht. *Fertig* – das war das richtige Wort. Sie war einfach fertig. Sie war eine gute Schauspielerin, doch *darüber* konnte sie nicht hinwegtäuschen. Man nahm ihr wirklich ihre Fröhlichkeit, ihre Ausgelassenheit und ihre kindliche Freude über verschiedene Dinge ab. Sie spielte gut. Aber dann kam es immer wieder bei ihr durch. Wegen einer Kleinigkeit konnte sie in Tränen ausbrechen. Als ich mich zum Beispiel weigerte, den Anzug ihres Vaters anzuziehen. Oder als sie ganz verzweifelt war, nur weil ich ihr gesagt hatte, es sei mir nicht gleichgültig, was sie mache.

Sie hätte mich gerne *irgendwie* gehabt. Sie modellierte gerne an mir herum. Führte Regie, dachte mir Rollen zu, so wie Kinder spielen und einer sagt: Du bist jetzt der und der, du machst jetzt das und das und päng päng, jetzt bist du tot. Sie konnte ganze Szenarien entwerfen, und dann *mußte* es so sein, wie sie es sich vorstellte, sonst war sie enttäuscht. Wenn es nicht nach ihrem Kopf ging, brach für sie eine Welt zusammen. Zumindest tat sie so. Und man kaufte es ihr ab.

Sie war ziemlich besitzergreifend. Ließ nicht gerne los, was sie einmal zu fassen bekommen hatte. Aber sie konnte so herrlich Kind sein. Wenn sie gut drauf war, dann war sie wie ein Kind. Ich weiß gar nicht, wie alt sie wirklich war. Und wenn ich ehrlich bin, kenne ich auch nur ihren Vornamen. Doch sie konnte soviel Spaß haben, daß man auch Spaß an allem bekam, was man mit ihr zusammen machte, auch wenn es einen überhaupt nicht interessierte. Sie riß einen einfach mit. Es gab keine Widerrede bei ihr. Man konnte nicht abseits stehen und über ihre Narrheiten versonnen den Kopf schütteln.

Das mochte ich an ihr. Sie tat mir gut. Sie hatte von allem so viel, daß sie ununterbrochen an mich abgab. Ich lud mich an ihr auf. Sie war wie ein siedend heißer Tropfen, der auf eine dicke Eisdecke fällt und sie zum Schmelzen bringt. Ich weiß, ich weiß, das ist ein blödes Bild. Total romantisch. Aber so war es nun einmal zwischen uns. Ich taute auf. Wie nach einem epochalen Winter. Da gibt es ein Gedicht von irgendjemandem, darin heißt es, ich habe mich verschlossen wie die Finger einer Faust, bla bla bla, *aber du öffnest mich Blütenblatt um Blütenblatt ...*

So war es. Zugegeben, alles hört sich entsetzlich kitschig an, ich weiß.

Doch dabei rannte es ganz banal herunter, wie alle solche Geschichten im Grunde furchtbar banal sind.
Habe ich das mal gedacht oder irgendwo gelesen, daß das Banale die Schnittstelle ist zwischen Kunst und Wirklichkeit?
Während ich noch überlegte, von wo ich diese Binsenweisheit hatte, wußte ich, daß es mir unmöglich war, an sie *so* zu denken. Es war unvorstellbar für mich, daß ich irgendwann einmal *so* über *sie* denken würde, oder jemandem von ihr erzählen in *diesem* Ton. Dabei kann ich noch viel gemeiner über jemanden reden, ins Detail gehen und mich erfreuen am Gefühl der Abscheu, die als Reminiszenz an das Gewesene in mir hochsteigt. Ich kann mich in eine grenzenlose Wut hineinerzählen und in einen Haß hineinschildern, aber es ist eine *nachträgliche* Wut, ein *nachträglicher* Haß. Ich weiß genau, es sind geklonte Gefühle, von denen ich nicht einmal einen Bruchteil tatsächlich empfunden habe.
Ich war froh, als der Film zu Ende war. Während die Schlußtitel liefen, stellte ich mich routinemäßig auf das anschließende Gespräch über den Film ein. Ich nahm mir fest vor, gegenteiliger Meinung zu sein, egal wie ihr der Film gefallen hatte.
Mit Anna hatte ich nie über die Filme, die wir uns gemeinsam angeschaut hatten, reden müssen. Vielleicht weil es über deren Trostlosigkeit, die Melancholie, die Komik und Tragik hinaus nichts zu sagen gab. Wir ließen zuerst alle Zuschauer den Saal verlassen, bevor wir aufstanden.
Vergiß deine Tüte nicht, mahnte ich.
Das erste Wort, das man nach einem Film spricht, klingt immer seltsam und sehr banal. Man hört sich selber reden, als spräche jemand aus dem Film: Vergiß deine Tüte nicht.
Gute Idee, sagte sie, hielt sie aber bereits in der Hand.
Sie sagte kein Wort über den Film. Ich fing dann an zu reden, weil ich mich schon auf ein Gespräch eingestellt hatte und das Schweigen zwischen uns nicht aushielt. Es ist ein ganz komisches Gefühl für mich, über einen Film zu reden, den ich gerade gesehen habe. Aber ich habe das schon so oft gemacht, wenn ich mit irgendwelchen Frauen ins Kino gegangen war, um die *Nagelprobe* zu machen, so oft, daß ich bereits

Übung darin habe. Nach den ersten Worten macht es mir nichts mehr aus, und ich rede einfach. Das ist das Beste. Einfach reden. Sich Wort für Wort aus der Fessel der Bilder befreien. In die Realität zurückkehren, die einem beim Verlassen des Kinos so unwirklich erscheint.
Mit jedem Wort versperrt man sich den Rückweg in die Illusion der Bilder. Das ist gut so.
Ich redete eine ganze Weile. Irgendwelches Zeug. Es klang nicht einmal schlecht, soweit ich das beurteilen konnte. Dafür, daß ich mehr als zwei Drittel des Filmes nicht mitbekommen hatte, hatte ich eigentlich viel zu sagen.
Weil sie mir nichts entgegnete, redete ich mich in eine künstliche Begeisterung hinein. Sparte nicht mit Lob. Die Story. Ja, vor allem die Story, und wie der Regisseur sie angegangen ist, die Kameraeinstellungen. Da prustete sie los.
Was ist?
Sie lachte einfach und drückte dabei meinen Oberarm. Sie lachte und lachte. Lachte über mich. Ich spürte es ganz deutlich.
Habe ich irgendwas Witziges gesagt?
Sie konnte sich kaum einkriegen, japste nach Luft, wiederholte, ständig von neuen Lachanfällen unterbrochen, die Höhepunkte meiner Lobeshymne über den Film, stieß atemlos hervor:
Du hast doch gar nicht zugesehen.
Habe ich doch.
Nein, gluckste sie, nein, mein Lieber, hast du nicht. Lachte. Dann, sich fassend: Ich habe dich die ganze Zeit beobachtet. Irgendwann warst du weg. Und jetzt redest du irgendwelchen Scheiß von wegen Dynamik der Bilder ...
Ich ...
Ja, ja ... Sie schlug den Tonfall an, in dem man mit kleinen Kindern redet, strich mir begütigend mit der Hand über die Wange, tätschelte sie, ja, die Dynamik der Bilder, ich weiß schon ...
Gut, ich gebe es zu, irgendwann bin ich abgedriftet, aber was ich bis dahin gesehen habe ...
Du hast die ganze Zeit an mich gedacht, stimmt's?
Ja.

Und was hast du da so gedacht?
Ich habe die Nagelprobe gemacht.
Die Nagelprobe? Sie krauste die Nase. Was ist denn das schon wieder?
Du kennst die Nagelprobe nicht?
Nein. Machte auf kleines Mädchen: Ist das schlimm? Muß ich jetzt ster ... Biß sich auf die Lippen.
Ich erklärte ihr, was die Nagelprobe ist. Auch wozu sie dient.
Und?
Was und?
Habe ich sie bestanden, die Nagelprobe?
Soweit man sie überhaupt bestehen kann ...
Ja oder nein!
Ich sagte ihr, ich sei zu keinem Ergebnis gekommen. Der Film sei zu früh aus gewesen.
Ich wollte ihr einfach nicht die Wahrheit sagen. Es ging sie im Grunde genommen auch nichts an. Es war allein meine Sache.
Soll ich dir mal was sagen?
Sag!
Sie zögerte.
Sag schon, was du mir sagen willst. Sag's einfach.
Na gut ... Sie nahm Anlauf: Ich habe auch die ganze Zeit an dich gedacht.
Und?
Nichts *und.*
Ich habe einfach so an dich gedacht. Wie man eben an jemanden denkt, den man gerade einen Tag kennt ...
Einen Tag und ein paar zerquetschte Stunden, warf ich ein, wie der Ordnung halber.
... und mit dem man jetzt nach Hause fahren wird, ließ sie sich nicht von mir beirren.
Willst du denn, daß wir *nach Hause* fahren?
Eine Spur ängstlich: Willst du nicht?
Ich grinste.
Mistkerl, sagte sie.
Wir blieben stehen und küßten uns mitten auf der Fußgängerzone.

Die Wohnung schien mir verändert. Vielleicht kam das nur davon, daß ich sie noch nicht bei künstlichem Licht gesehen hatte.
Nein, nein!
Es kam davon, daß ich in sie *zurückkehrte*. Das machte sie im ersten Augenblick so anders. Fremd. Wohin man zum ersten Mal zurückkehrt, das sieht man mit anderen Augen. Man hat sich noch nicht daran erinnert. Mit der Rückkehr kommt man der Erinnerung zuvor. Erinnern heißt sich vertraut machen. Wo keine Erinnerung ist, ist Fremde.
Wir ließen uns auf die Couch fallen. Jeder versuchte für sich, mit der Situation fertig zu werden, daß unsere zweite gemeinsame Nacht bevorstand, eigentlich unsere erste, denn die wirklich erste, in die wir betrunken hineingestolpert waren, zählte nicht.
Es war eigenartig.
Wir waren wie zwei Menschen in die Wohnung gekommen, die schon lange ein Paar sind, und hatten uns auf die Couch gesetzt, als würden wir das immer so machen. Jetzt war es zu spät, die Rolle zu wechseln, auf Jungverliebte zu machen, die noch ein wenig herumalbern, zu knutschen anfangen, sich die Kleider vom Leib streicheln oder zerren oder je nachdem und so einen Weg ins Bett finden.
Aber wie sollten wir ins Bett kommen? Sollte einer von uns beiden jetzt gähnen, aufstehen, sagen: Ab in die Falle, aufs Klo marschieren, dann ins Badezimmer ... Es war schwierig, in unserer Situation das Richtige zu tun.
Wir haben ja noch Wein im Haus, jubelte sie, als sei ihr das gerade eingefallen, aber ich bin mir sicher, daß sie das als letzten Ausweg die ganze Zeit im Hinterkopf gehabt hatte. Ich könnte uns auch den Pudding machen.
Jetzt?
Ja, warum nicht? Ich mache mir öfter in der Nacht irgendwas zu essen. Sie begeisterte sich an ihrem Vorschlag. Wir könnten Pudding essen und uns gegenseitig Pudding-Geschichten aus unserer Kindheit erzählen. Möchtest du?
Von mir aus.
Wir gingen in die Küche. Natürlich hatte ich die Puddingpackung ins

falsche Regal gestellt. Sie machte Pudding. Es ging ganz schnell. Sie stellte ihn, damit die ekelhafte rosa Masse rascher fest wurde, ins Gefrierfach. Ich entkorkte den Wein, der Korken brach ab, und als ich ihn herauszuziehen versuchte, zerbröselte er im Flaschenhals, sodaß der Korkenzieher nicht mehr griff. Ach was, sagte sie und stieß den im Flaschenhals verbliebenen Korkenrest mit dem Stiel eines Dessertlöffels zurück in die Flasche. Wir tranken den Wein aus Limonadegläsern. Sie war sehr munter, plapperte viel und fragte mich zwischendurch ganz nebenbei, ob ich auch Angst hätte.
Wovor?, stellte ich mich erst mal präventiv blöd.
Du weißt schon ...
Klar habe ich Angst. Vorhin, als wir auf der Couch saßen ...
Ja, das war ganz komisch. Wir sind nicht frisch verliebt und warten nicht auf die erstbeste Gelegenheit, um übereinander herzufallen, aber wir sind auch kein altes Paar, das seine Rituale hat. Wir sitzen zwischen allen Stühlen als Mittelding.
Laß uns das Beste daraus machen.
Und das Beste ist Pudding essen, riß sie schwungvoll die Kühlschranktür auf und sah im Gefrierfach nach, ob die Masse schon fest war. Dauert noch. Sie leckte ihren Finger ab. Mmmh, schmeckt ganz widerwärtig.
Dann paßt der Pudding ja zum Wein. – Warum siehst du mich so an?
Mein Vater hätte jetzt genau das gleiche gesagt, weißt du das?
Nein, woher soll ich das wissen. Ich habe deinen Vater nicht gekannt.
Er hätte jetzt gesagt: *Dann paßt der Pudding ja zum Wein.* Genauso, wie du es gesagt hast. Mit diesem knarrenden Unterton in der Stimme.
Ich trage ja auch den Anzug deines Vaters, scherzte ich. Aber das war unangebracht, denn ihr war ernst, was sie sagte.
Sie muß ihren Vater sehr geliebt haben. Entweder war er erst vor kurzer Zeit gestorben, und ihr Schmerz über den Verlust hielt die einstmals empfundene Liebe noch wach, oder sie liebte einfach länger, als man Tote im allgemeinen liebt, bevor sie einem unwiderruflich gleichgültig werden, und man nur noch hin und wieder an sie denkt, was man dann für Liebe hält. In Wirklichkeit ist man aber nur gerührt, daß man nicht so rasch vergißt wie sonst. Auf einer Kranzschleife auf Annas Grab war

gestanden: *In liebevollem Gedenken*. Ich dachte überhaupt nicht mehr an Anna. Sie fiel mir ein. Das ist ein Unterschied. Ob man an jemanden denkt, oder ob er einem einfällt, so wie mir die Aufschrift auf der Kranzschleife eingefallen ist und damit unweigerlich Anna.
Wahrscheinlich dachte sie noch viel an ihren Vater. Er war immer präsent. Ich zerrte mir die Krawatte vom Hals, *seine* Krawatte, und hängte sie betont achtlos an die Türklinke. Dann öffnete ich den Kragenknopf des Hemdes und gleich den nächsten. Wenn ich Ähnlichkeit mit ihrem Vater hatte, so wollte ich sie gründlich verwischen, zerstören, und zwar jetzt, sofort, auf der Stelle.
Aber ihr Vater war schon nicht mehr Thema. Sie trank den Wein schnell, schenkte sich selber nach, tat ungeduldig, was den Pudding im Gefrierfach betraf. Mir war danach, sie in die Arme zu nehmen, traute mich jedoch nicht, und als sie dann wieder den Kopf in den Kühlschrank steckte, trat ich hinter sie, umfaßte sie, legte meine Hände auf ihre Brüste und küßte sie in den Haaransatz im Nacken.
Ich glaube, er ist fertig, überging sie meine Berührung.
Nach dem Pudding, der halben zweiten Flasche Wein und einigen Zigaretten wurden wir müde.
Du kannst meine Zahnbürste benützen, sagte sie und streckte sich.
Gehst du zuerst ins Bad?
Nein, geh du.
Ich hätte aber lieber, wenn du zuerst ins Bad gehst.
Wir könnten auch gemeinsam ins Bad gehen. Einer von uns beiden putzt sich zuerst die Zähne, und der andere sitzt inzwischen am Rand der Badewanne und sieht zu. Ich möchte gerne zusehen, wie du dir die Zähne putzt. Tust du mir den Gefallen?
Ich tat ihn ihr. Ich putzte meine Zähne, sie saß am Wannenrand und sah mir zu. Ich lächelte sie durch den Spiegel an, den Mund voll schaumiger Zahnpaste. Sie lächelte zurück.
Ich finde das schön, sagte sie, du nicht?
Ich spülte meinen Mund aus, wusch mein Gesicht.
Hast du eigentlich wirklich heute morgen in dieses Becken gepinkelt?
Mein Gott, schämte ich mich plötzlich, antwortete aber wahrheitsgemäß.

Warum hast du es mir gesagt?
Ich griff nach dem Handtuch, das sie mir hinhielt, rubbelte länger als nötig mein Gesicht ab, damit ich sie nicht ansehen mußte.
Ich wollte, daß dich vor mir ekelt.
Warum sollte mich vor dir ekeln?
Weil ich in dein Waschbecken geschifft habe.
Nein, das meine ich nicht. Ich will wissen, warum du wolltest, daß mir vor dir graust?
Es wäre zu kompliziert gewesen, ihr alles zu erklären, und hätte uns in ein Gespräch verstrickt, das unweigerlich dorthin führen mußte, wo ich es um keinen Preis haben wollte. Ich war müde. Und sie hoffentlich auch, um nicht auf einer Antwort zu bestehen.
Ich trat zu ihr, beugte mich herab, wollte sie auf die Stirn küssen, aber sie wich aus.
Würdest du es noch einmal tun?
Nein, hielt ihre Frage im ersten Moment für einen Scherz und lachte.
Heute morgen hast du es getan. Warum tust du es jetzt nicht auch? Komm, tu es.
Ist das dein Ernst?
Es macht dir doch Spaß, oder?
Nein.
Bitte …
Ich – – – wußte nicht, was ich sagen sollte. Heute morgen, das war etwas anderes. Heute morgen, da war ich noch … da war ich nicht ich gewesen, sondern der, der ich sein wollte … der ich immer war, seit … Heute morgen …
Ich kann nicht.
Ich gehe raus, wir machen die Tür zu, du pinkelst wie heute morgen ins Waschbecken. Das ist alles, was ich von dir möchte.
Ich wollte aus dem Badezimmer schlüpfen, um ihrem Betteln ein Ende zu machen, aber irgendwie schaffte sie es, sich an mir vorbeizudrängen und die Tür vor meiner Nase zu schließen. Ich wollte sie öffnen, aber sie stemmte sich mit aller Kraft von draußen dagegen.
Laß den Unsinn!
Tu es.

Ich drückte mit der Schulter gegen die Tür.
Ich warne dich. Wenn du mich nicht sofort rausläßt, trete ich die Tür ein.
Das schaffst du nicht.
Willst du es darauf ankommen lassen?
Ja, das ist mir die Tür wert.
Ich habe dich gewarnt. Laß mich sofort raus, oder …
Vergiß nicht, bis drei zu zählen. Dann wird es dramatischer. Oder soll ich für dich zählen. Eins … zwei … uuuuuund …
Ich trat gegen die Tür, nicht fest, aber doch so stark, daß sie merken mußte, daß es mir ernst war. Ich hatte keine Schuhe an, und die Tür war stabiler, als sie aussah. Beim zweiten Tritt stieß ich mir schmerzhaft die Zehe. Ich hörte sie draußen hell auflachen.
Was soll das, sagte ich genervt.
Ich will, daß du es tust.
Wozu?
Einfach so.
Ich kann nicht *einfach so* ins Waschbecken …
Mußt du jetzt nicht?
Sie gluckste vor Vergnügen.
Ich will nicht. Ganz einfach. Ich – will – nicht.
Dann war es auf einmal still jenseits der Tür. Ich wußte nicht, was jetzt los war. Dann kam es, ganz leise:
Tu es für mich …

– – –

– – –

– – –

Und ich tat es. Für sie. Ich machte Druck auf meine Blase, damit der Strahl stark und kräftig war, und sie durch die Tür hören konnte, wie er ins Waschbecken schoß.
Das war's, sagte ich laut in Richtung Tür. Ich spülte mit reichlich Wasser nach. Mein Gesicht brannte vor Scham. Ich vermied den Blick in den Spiegel. Irgendwie hatte ich das Gefühl, daß wir nach allem jetzt ein altes Paar waren, und ließ, wie es bei Paaren üblich ist, die schon lange zusammen sind und über solche Nachlässigkeiten hinwegzusehen gelernt haben, den Hosenschlitz gleich offen.

Ich trat aus dem Badezimmer. Sie lehnte der Badezimmertür gegenüber an der Wand. Ich ging an ihr vorbei, mir das Hemd aus dem Hosenbund zerrend und mich ungeniert am Rücken kratzend, obwohl es mich dort gar nicht juckte.
Es ist jetzt frei, sagte ich, weil sie noch immer reglos dastand.
Sie sagte: Danke.

Sie trug einen Pyjama mit Gummibünden an den Ärmeln und den Hosenbeinen. Auf dem Oberteil waren ein Bärenjunge und ein Bärenmädchen zu sehen, er hatte eine Latzhose an, sie ein Kleid mit Puffärmeln und einen Korb in der Hand. Über ihren Köpfen wölbte sich die Aufschrift in nostalgischem Schriftzug: *Cute friends.*
Sie stand am Fußende des Bettes, hatte den Kopf schief gelegt, sah mich an.
Ich sehe bescheuert aus, was?
Ziemlich.
Soll ich ihn ausziehen, ich meine, den Pyjama ... Wenn er dir nicht gefällt, oder du ihn lächerlich findest, ziehe ich ihn aus. Möchtest du das?
Wenn du es nicht tust, mache ich es.
Dann mach es du. Aber nicht jetzt.
Sie stieg ins Bett. Da sah ich erst, daß sie die Plastiktüte vom Flohmarkt bei sich hatte. Sie setzte sich auf ihre Fersen und stellte die Tüte vor sich hin.
Bist du neugierig?
Nein, sagte ich, und war es auch nicht. Nur ein wenig schläfrig nach der Szene vorhin im Badezimmer und unter den tektonischen Schichten der Müdigkeit zugleich unruhig, weil ich mehr als vierundzwanzig Stunden bereits kein Fluctin mehr genommen hatte. Eine angebrochene Schachtel steckte in der Tasche *meiner* Hose, von der ich nicht wußte, wo sie sie hingeräumt hatte. Ich wollte sie nicht fragen, wußte aber, daß ich in der Nacht, spätestens am nächsten Morgen Probleme bekommen würde, wenn ich das Medikament nicht einnahm. Trotzdem fragte ich sie nicht, sondern beschloß, mich auf die Suche nach meinem Gewand zu machen, sobald sie eingeschlafen war.

Kein bißchen neugierig ..., lockte sie.
Ich schüttelte den Kopf.
Möchtest du denn überhaupt nicht wissen, was ich gekauft habe?
Na gut, zeig es mir.
Nein, du mußt raten, schüttelte sie triumphierend den Kopf.
Das auch noch, stöhnte ich spaßhaft.
Wir spielten eine Kombination aus dem Eiskalt-kalt-lauwarm-warm-wärmer-heiß-siedend-heiß- und dem Ist-es-aus-Verwendet-man-es-in-Braucht-man-es-zum-Spiel. Ich gab mir nicht besondere Mühe, wäre aber ohnehin nicht daraufgekommen.
Es war ein altes Elin-Bügeleisen, so eines, wie meine und wahrscheinlich auch ihre Mutter es verwendet hatte. Es hatte einen roten Griff, und man konnte – das war damals das Moderne daran – die Temperatur einstellen, also für Chemiefasern, Seide, Wolle, Baumwolle und Leinen.
Es funktioniert noch, sagte sie.
Wer sagt das?
Der Händler.
Aaaah, machte ich amüsiert, der Händler hat das gesagt – – – Und du glaubst ihm?
Ja, nickte sie sehr ernsthaft, während sie mit dem Kabel herumspielte. Ich wartete, daß sie sich den Stecker in die Nasenlöcher steckte, wie Kinder das tun, wenn sie witzig sein wollen. Meistens lachen die Erwachsenen darüber wirklich, und wahrscheinlich hätte ich auch gelacht, wenn sie es jetzt getan hätte.
Hast du es ausprobiert, weil du dir so sicher bist, daß es funktioniert?
Nein, das mache ich morgen. Morgen werde ich damit bügeln. Und du wirst sehen, daß es funktioniert.
Wollen wir wetten?
Sie wollte nicht. Sie wette nicht, wenn sie ganz sicher sei, meinte sie und verzog die Lippen.
Aber ich bin mir auch ganz sicher, spottete ich, ganz sicher nämlich, daß es nicht funktioniert.
Trotzdem wette ich nicht mit dir, sagte sie eingeschnappt und steckte das Bügeleisen wieder in die Tüte zurück, die sie dann neben das Bett auf den Boden stellte.

In der Nacht wurde ich wach. Über dem Warten, daß sie einschlief, und ihre Atemzüge tief und regelmäßig wurden, war ich selber eingeschlafen. Ich war schweißgebadet, mein Herz hämmerte, ich hatte Schmerzen in der Brust, so ähnlich, wie wenn man Luft in der Speiseröhre hat, nur stechender, bohrender, aushöhlender. Der Atem blieb mir weg, ich mußte mich anstrengen, um meine Lungen mit Luft voll zu bekommen. Vor meinen Augen flimmerte es. Die Muskeln in meinen Armen und Beinen zuckten, waren total angespannt. Ich hatte das Gefühl, das Bett unter mir bewege sich, schwanke, der Boden, auf dem es stand, bebe.
Im Schlaf hatte sie sich von mir abgewandt. Sie lag zusammengerollt auf der Seite, den Rücken mir zugekehrt.
Zuerst versuchte ich, die Schmerzen zu ignorieren. Ich sagte mir: Es ist nichts. Das geht vorbei. Du stirbst nicht daran. Ich wußte es. Ich sterbe nicht daran. Man glaubt zwar, daß man stirbt, es fühlt sich *genauso* an, aber man *über*lebt es. Doch dieses Wissen nützt einem nichts, wenn man mitten im Inferno ist.
Einige Male hatte ich es schon ausgehalten, auch wenn es höllisch schwer gewesen war, und die Schmerzen waren abgeklungen, die Muskeln hatten sich entkrampft, die Nerven hatten zu flattern aufgehört. Ich war nicht gestorben, auch wenn ich es phasenweise geglaubt hatte. Aber dann hatte ich wieder zum *Fluctin* gegriffen, weil es etwas gab, das ich nicht aushielt, und wogegen dieses verdammte Zeug in der Lage war, Wunder zu wirken.
Ich nahm mir vor, es diesmal auszuhalten. Notfalls würde sie wach werden von meinem Gestöhne, und wenn ich mich in Krämpfen hin- und herwarf. Ja, sie sollte wach werden. Sie sollte bei mir sein, wenn es schlimm wurde. Sie sollte DAS mit mir durchmachen, meine Hand halten, wenn es ganz schlimm wurde, und mit einem feuchten Waschlappen mein Gesicht abwischen und mir zu trinken geben, worauf ich ihr wahrscheinlich den Pyjama vollkotzen würde, und mich vollkotzen würde über und über, rosa Kotze vom Erdbeerpudding und von dem ganzen schlechten italienischen Wein.
Dann wollte ich das auf einmal nicht mehr. Nein, sie sollte mich nicht so sehen. Sie schlief fest. Sie war gleich eingeschlafen, nachdem sie sich zu mir gelegt und mir noch gedroht hatte, sie würde ihre eiskalten Füße zu

mir unter die Decke stecken; aber bevor sie ihre Drohung noch wahr gemacht hatte, war sie bereits eingeschlafen, todmüde, wie mir schien, und ich hatte mich, um das Licht zu löschen, über sie beugen müssen, denn der Lichtschalter war auf ihrer Seite des Bettes.
Aber ich war mir nicht sicher gewesen, ob sie wirklich schlief, oder ob sie sich vielleicht nur schlafend stellte, um mich dabei zu ertappen, wie ich mich auf die Suche nach dem *Fluctin* machte.
Ihr Atmen war tief. Ich horchte über mein keuchendes Ringen um Luft hinweg: Ihr Atem ging tief und regelmäßig.
Ich stand auf und wäre beinah hingefallen. Ich tastete mich zur Tür und wankte aus dem Zimmer.
Verdammter Mist, wo hatte sie meine Sachen hingetan. Wo? Um Himmels willen! Das Neonlicht über dem Badezimmerspiegel stach mir in die Augen. Halbblind wühlte ich in dem Korb mit Schmutzwäsche, langte mit beiden Armen hinein, warf ihre Slips und BHs, ihre T-Shirts und und und auf den Boden. Meine Schläfen waren zum Zerreißen gespannt, und mir war, als hätten Hände meinen Kopf gefaßt und zogen nun die Gesichtshaut fest nach hinten. Gleichzeitig begann meine Kopfhaut zu brennen. Jedes einzelne Haar spürte ich, wie es wuchs und wuchs. Und die Nägel an meinen Fingern und Zehen. Auch sie wuchsen in ihren entzündeten Betten. Wuchsen ins Unermeßliche. *Wie bei Toten, deren Haare, deren Finger- und Fußnägel noch weiterwachsen in den Gräbern, über den Tod hinaus.*
Ich suchte den Mülleimer. Er war dort, wo meistens die Mülleimer in Küchen sind, nämlich im Schrank unter der Abwasch. Er war dort, aber meine Hose war nicht dort. Und in der linken Tasche meiner Hose war die angebrochene Packung *Fluctin*. Und das hatte ich jetzt dringend notwendig. Zwei Kapseln würden genügen. Nur zwei. Mehr brauchte ich nicht. Sie waren stark. Herrgott, war das *Fluctin* stark! Ein richtiges Wundermittel. Wer immer sich das Zeug ausgedacht hat, sollte den Nobelpreis überreicht bekommen – am Scheiterhaufen!
Ich hörte, wie ich vor mich hinfluchte.
Leise! Leise, verdammt noch mal! Weck sie nicht auf. Sie soll dich nicht so sehen! Vielleicht hat sie deine Hose in den Schrank getan. Zu den Sachen ihres Vaters. Das sähe ihr ähnlich. Das würde zu ihr passen. So verrückt

ist sie. Sie ist verrückt, ja, verrückt. Total verrückt ist sie. Und gemein. Sie hat dir deine Sachen weggenommen. Sie hat dich in die Anzüge ihres toten Vaters gesteckt. Sie hat dich gezwungen, diese toten Anzüge zu tragen. Scheiße! Scheiße!

Ich tappte durch die Dunkelheit, suchte den Schrank mit den Anzügen, fand ihn, aber im Dunkeln konnte ich nichts sehen, schlug mehrmals ziellos in das immer dichter werdende, verschlingende Schwarz um mich, bis ich zufällig den Lichtschalter traf. Ich zerrte Jacketts und Hosen von Kleiderbügeln. Meine Zähne knirschten, so fest biß ich sie zusammen, um nicht aufzuschreien.

Lieber Gott, laß sie das Zeug nicht ins Klo geworfen haben! Hilf mir, lieber Gott, und laß sie das nicht getan haben! Laß sie keine Mutter Theresa sein, ich bitte dich!

Ich suchte unter dem Schrank. Unter allen Schränken, an die ich mich erinnern konnte. Ich hatte längst aufgehört zu versuchen, keinen Lärm zu machen.

Soll sie doch aufwachen. Sie hat dir deine Hose weggenommen. Sie hat genau gewußt, was darin ist. Darum hat sie sie dir auch weggenommen und jetzt jetzt steht sie da in ihrem lächerlichen Cute-friends-Pyjama und sieht dich am Boden hocken nackt hockst du am Boden und flennst und kratzt dich überall weil die Haut so juckt weil sie so verdammt juckt wie bei tausend Sonnenbränden sie steht da und begreift nicht glotz mich nicht an wo ist meine Hose wo hast du sie hingetan du ja lach nur lach über mich ich piß' dir ins Gesicht nicht ins Waschbecken du Fotze auf zwei Beinen ich zieh dir dein Bügeleisen über ich stopf es dir quer in den Mund wenn du mir nicht gleich meine Hose gibst wo ist meine Hose meine Hose wo bitte GIB MIR EINE NADEL ICH STECH ES AUF ICH DRÜCK ES AUS WIE EINEN PICKEL ICH NEHM ES MIT BEIDEN HÄNDEN UND DREH DRAN ICH DREH ES MIR HERAUS *Anna ...* WIE EINEN ZECKENKOPF *Anna!* ICH ICH HALT ES NICHT AUS TU WAS BITTE MACH DASS ES AUFHÖRT *Anna, bitte ... Ich ...* GIB MIR DIE SCHNUR VON DER JALOUSIE GIB SIE MIR BITTE ICH MACH EINE SCHLINGE DIE LEG ICH SIEHST DU SO DRUM HERUM UND BINDE ES AB WENN KEIN BLUT WENN KEIN BLUT MEHR HINEINKOMMT DANN KANN ES NICHT WEITERWACHSEN

Ich bekam nicht mit, daß sie mir eine Kapsel in den Mund schob. Erst als ich im Bett lag, und die Schüttelfröste kamen, hörte ich mich sagen: Ich brauche noch eine. *Diskutier nicht mit mir. Ich weiß es. Ich brauche zwei. Zwei Fluctin. Und heul nicht. Bist mein tapferes Mädchen.*
Sie drückte sich ganz fest an mich und umfaßte mich mit den Armen. Ich bin dein tapferes Mädchen. Ich bin ... Papas tapferes kleines Mädchen, flüsterte sie immer wieder zwischen meine Schulterblätter. Und zwischen den Worten küßte sie mich dort.
Es war gegen Morgen, als ich das Bewußtsein verlor und immer tiefer fiel, die Arme vor der Brust. Ich schlug auf, *ein Meteor auf der Oberfläche eines unbewohnten Planeten*, öffnete die Augen und fühlte mich herrlich. Mein Sinn für Zeit war wieder voll da. Es war später Vormittag, wie mir bald darauf das Läuten einer Kirchenglocke in der Nähe bestätigte. Das Bett neben mir war leer. Ich rollte auf den Rücken, dehnte und streckte mich ausgiebig, daß meine Gelenke knackten, und das Blut in Arme und Beine schoß.
Sie kam ins Zimmer. Sie war unfrisiert und fragte nach nichts. Sie setzte sich zu mir auf die Bettkante, ich fuhr ihr mit der Hand unter das Pyjamaoberteil und ihren Rücken mehrmals hinauf und hinunter, spürte ihre Wirbel dicht unter der Haut. Sie zog die Beine an den Körper. Ich sah auf ihre Füße. Ihre Zehennägel, tief in den Nagelbetten. Ich küßte ihre Füße. Sie lächelte. Ich zog sie zu mir herunter. Sie lag in meinen Armen. Das war gut.
Wir frühstückten in der Küche. Ich trug ihren Bademantel, sah natürlich lächerlich darin aus, weil er viel zu klein war. Aber das war mir egal. Ich hatte einen mordsmäßigen Hunger. Sie trank nur schwarzen Kaffee, rauchte zwei Zigaretten hintereinander und sah mir beim Essen zu.
Willst du auch Spiegeleier?
Ja, sagte ich mit vollem Mund.
Sie stand auf und briet mir welche, ich verzehrte sie mit wenigen Bissen. Dann belegte ich mir noch ein Brot dick mit Wurst und Käse und schmierte Senf darüber.
In den Kaffee tat ich viel Zucker, denn scheinbar hatte ich allen, den ich noch in mir gehabt hatte, letzte Nacht verbrannt. Zur dritten Tasse rauchte ich dann eine Zigarette. Sie schmeckte, wie mir schon lange

keine Zigarette mehr geschmeckt hatte. Ich zog den Rauch tief in die Lungen.
Dann fing ich von der Ausstellung zu reden an, die wir heute besuchen wollten. Ich redete viel und ununterbrochen. Mit dem körperlichen Wohlbehagen kamen auch die Erinnerungen an die gestrige Nacht, und ich wollte um keinen Preis, daß ihr ein Schweigen zwischen uns Gelegenheit gab zu fragen, was mit mir los gewesen war.
Du ..., unterbrach sie mich.
Ja?
Keine Fragen! Stell jetzt bitte keine Fragen!
Ich habe es mir anders überlegt.
Was heißt das?
Keine Antwort.
Was heißt das?
Sie drückte herum.
Ich ...
Sag es schon.
Du wirst mich für launisch halten und wankelmütig ...
Jetzt spuck es schon endlich aus!
Ich ... na ja ... ich will heute in keine Ausstellung.
[Warum war ich erleichtert? Hatte ich erwartet, daß sie zu mir sagen würde, ich solle mich zum Teufel scheren?]
Na gut, dann gehen wir heute in keine Ausstellung. Worauf hast du denn Lust?
Sie schwieg. Das verhieß nichts Gutes.
Ich stellte mich innerlich schon auf Fragen bezüglich der Nacht ein. Warum müssen Frauen immer Fragen stellen? Warum können sie nicht hinnehmen, daß etwas passiert, vorbeigeht, vorüber ist und Schluß?
Weil du das selber tust, du dumme Sau.
Sie schwieg.
Möchtest du reden?, suchte ich, ihr zuvorzukommen. In einer solchen Situation ist es das Beste, der zu sein, der anfängt. Wer als erstes fragt, steckt sein Revier ab, auf das sich der andere begeben muß, verschafft sich so einen Heimvorteil.
Möchtest du reden?

Ja.
Sie hatte ein Bein über die Armlehne ihres Sessels gelegt, sah zu, wie es baumelte.
Über die vergangene Nacht? Möchtest du darüber mit mir reden?
Sie winkte ab. Aber ich ließ mich davon nicht bremsen. Ich mußte soviel wie möglich darüber reden, damit ihr weniger zu fragen blieb. Ich sagte also, daß ich das Zeug schon lange nehme, zu lange, daß es ein Höllenzeug sei, daß nichts passieren könne, ich meine, nichts Schlimmes, nur diese Anfälle, wenn ich es radikal absetze. Ich erzählte ihr, daß ich mich schon über die Möglichkeiten eines Entzuges erkundigt hätte, was ich in Wirklichkeit nie getan hatte, denn es gibt keinen anderen Weg, vom *Fluctin* wegzukommen, als den, damit aufzuhören, es zu nehmen, es existiert kein Ersatzmittel, das die Anfälle milderte, den Entzug erträglicher macht. Aber davon erzählte ich ihr natürlich nichts.
Sie hörte mir zu. Sie ließ mich reden. Sie wartete nur den Moment ab, in dem ich Atem holen mußte, der Schwachpunkt jedes Lügengebäudes.
Wer war sie?
Hatte ich geredet in der Nacht? Hatte ich Annas Namen ... Blöd stellen! Einfach blöd stellen!
Wen meinst du?
Hast du sie sehr geliebt?
Ich weiß nicht, von wem du sprichst.
Warst du glücklich mit ihr?
– – –
Sag mir wenigstens, ob du glücklich mit ihr warst!
– – –
Du kannst es mir ruhig sagen. Wovor hast du Angst? Glaubst du, daß ich eifersüchtig werde? – Nein, ich verspreche dir ... – Sag's mir einfach, sag mir, daß ihr zusammen glücklich ... ich meine, es ist nichts dabei ... ich möchte es hören. Komm schon, laß dich nicht bitten ...
– – –
War sie jung, als sie starb?
Also, jetzt hör mal her ...
Nein, sagte sie scharf. Ich bin nicht dumm. Ich kenne das Zeug, das du nimmst.

Aha!
Das nimmt man nicht nur so. Ich habe es selber genommen, als es mir dreckig ging.
Du hast das Zeug selber genommen?
Nicht direkt *Fluctin*. Es gab noch ein anderes Mittel ... aber es wirkte genauso ... sie haben es mir verschrieben ...
Warum?
Lenk nicht ab! – Hast du sie geliebt?
Wen?
Keine Spielchen! Hast du sie geliebt?
Ich ...
Ja oder nein!
Weißt du ...
Ja oder nein!!!
– – –
Nein.
– – –
– – –
– – –
Das hatte gesessen!
Nein, ich hatte Anna nicht geliebt. Der Tod löscht alles aus. Er ist wie ein Virus auf einer Festplatte. Egal, welche Daten darauf gespeichert sind, wenn der Virus den Computer befällt, sind sie weg. So ist es auch mit dem Tod. Man kann die Toten nicht lieben. Auch rückblickend nicht, als sie noch am Leben waren. Das Schreckliche am Tod ist nicht der Verlust eines Menschen, sondern daß alles aus ist, jedwedes Gefühl, die ganze gemeinsame Vergangenheit, ausgelöscht, weggebrannt, als hätte sie nie stattgefunden.
Ich habe Anna sterben sehen. Sie starb lange. Das Geschwür saß im Hals und wuchs heraus. Es war schon so groß, daß sie nicht einmal mehr andeutungsweise nicken konnte, wenn ich sie etwas fragte. Und nach den zwei Gehirnschlägen, die ihr Sprachvermögen zerstört hatten, war das Nicken das einzige gewesen, was ihr noch geblieben war, um auf meine blöden Fragen zu antworten.
Und es ist beschissen schwer, in einem Spital nicht Fragen zu stellen,

die mit Ja zu beantworten sind. Man fragt: Soll ich dir das Kissen aufschütteln? Hast du Schmerzen? Soll ich die Schwester rufen? Brauchst du eine Injektion?
Man stellt ganz instinktiv Ja-Fragen, um sich einen Grund zu verschaffen, hier zu sein, um gebraucht zu werden, um nicht tatenlos und ohnmächtig danebenstehen zu müssen.
Soll ich?
Willst du?
Ja, ja, ja, ja!!!
Ich hatte Anna nicht geliebt. Es war mir unvorstellbar, daß ich jemals etwas für sie empfunden hatte und Tag für Tag zu ihr in die Klinik gegangen war, um mir ihr wirres Stammeln anzuhören und ihr Röcheln dann, als man ihr die Luftröhre aufschnitt, und der Schlauch herausragte, aus dem es ekelig tropfte, und daß ich bei ihr gewesen war, als es zu Ende ging, aber nicht beim wirklichen Finale, dem Showdown, da hatte ich gefehlt, und die Schwester, die mich am Gang aufhielt und mir sagte, Anna sei in der Nacht *verlöscht wie ein Licht*, eine *Scheißschlampe* nannte und drohte, ich würde ihr einen Dildo in den Arsch stecken, den ich vorher mit Klebemittel bestrichen und in Eisenspänen gewälzt hätte. Undenkbar war mir heute, daß Annas Tod mir so viel bedeutet hatte, denn der Tod löscht alles aus. Er ist wie Hagel, der niederprasselt am Ende eines Sommers und die Ernte vernichtet. Er ist ein Orkan, der Küstenstädte durch die Luft wirbelt und zerfegt. Er läßt nichts heil. Nicht einmal die Vergangenheit. Er läßt nichts zurück. Nicht einmal Erinnerungen.
Nein, ich habe sie nicht geliebt.

– – –

Lüg mich *bitte* nicht an.

– – –

Nein, ich habe sie nicht geliebt. Ich habe keinen Grund, dich anzulügen. Ich habe sie nicht geliebt. Ich lüge nicht. Weißt du, jetzt, wo ich dir von Anna erzählt habe, ist sie tot. Ich habe es mir gerade vorhin gedacht. Auch Tote können sterben. Ich habe nie jemandem von Anna erzählt, so wie ich dir von ihr erzählt habe. Wenn mich jemand gefragt hätte, ob ich sie geliebt habe, ob wir zusammen glücklich waren, ich hätte ja

gesagt. Zu dir habe ich nein gesagt. Und jetzt ist sie tot. Sie existiert nicht mehr. Ist das nicht komisch? Die ganze Zeit habe ich gedacht, sie würde nie sterben, aber jetzt auf einmal …
Das sagst du nur so. Du willst mir etwas vormachen. Aus irgendeinem perversen Grund. Was willst du von mir?
Ich will gar nichts von dir. Und ich will dir auch nichts vormachen. Sie ist tot. Sie ist es schon lange. Ich habe sie die ganze Zeit nur künstlich am Leben erhalten. Vielleicht um nicht allein zu sein …
Aber jetzt, da du mich getroffen hast …, schnitt sie mir zynisch das Wort ab.
Ich wagte einen ersten Vorstoß. Sie sollte nicht merken, was ich vorhatte, *noch* nicht.
Nehmen wir nicht alle den Platz von Toten ein?
Du bist ein Arschloch.
Für die Art, wie sie Arschloch *sagte, liebte ich sie plötzlich und vollkommen sinnlos.*
Dann bin ich eben eines.
Für die Art, wie du Arschloch *sagst, will ich dich lieben, plötzlich, immer und vollkommen sinnlos.*
Gut, ich bin ein Arschloch. Das beantwortet aber meine Frage nicht. Wessen Platz nehme ich bei dir ein?
Können wir das Thema wechseln?
Ist dir meine Frage unangenehm?
Würdest du mir glauben, wenn ich *nein* sage?
Ehrlich gesagt …
Na eben, dann laß uns das Thema wechseln, ohne vorher lange blöd herumzufragen, in Ordnung?
In Ordnung.
– – –
– – –
– – –
Was denkst du?
Nichts.
Doch, du denkst etwas.
Warte nur! Warte, ich kriege dich noch, wenn nicht so, dann anderswie …

Wirklich, ich habe an gar nichts gedacht.
Ich sehe es dir doch an …
Themenwechsel!
Und dann redeten wir ganz normal miteinander. Wir erzählten uns wie ein Liebespaar aus unseren Vergangenheiten. Wir redeten über unsere Kindheit, die ganz banalen Dinge, und freuten uns, wenn es Parallelen gab in unseren Leben, zum Beispiel, daß wir beide – als ob das nicht alle Kinder tun! – in der Straßenbahn Regentropfen fangen spielten. Dabei muß man die Regentropfen, die außen an der Scheibe hinunterrinnen, mit der Fingerspitze berühren, bevor sie den unteren Rand der Scheibe erreichen.
Sie rinnen ganz schön schnell, die Regentropfen …
Ja, und es ist verdammt schwer, sie zu erwischen.
Ich habe ihnen immer einen Vorsprung gegeben.
Ich auch.
Oder die Dauerwellen unserer Mütter oder oder oder …
Wir begeisterten uns richtiggehend an Gemeinsamkeiten, wie Liebende das eben tun, weil sie meinen, dadurch einander näher zu kommen, und sich davon insgeheim versprechen, daß solche Sachen sie über die Vergänglichkeit ihrer Liebe hinaus verbinden. Das ist natürlich ein großer Irrtum, aber sie wissen es eben nicht besser. Wir wußten es auch nicht besser und freuten uns.
Wir machten einander gegenseitig zu Mitwissern. Jeder lieferte sich dem anderen aus mit unbedeutenden, nichtssagenden Geständnissen, die ganzen Kleinigkeiten, die eine Kindheit so peinlich machen.
Sie kochte noch Kaffee. Es war richtig angenehm, in der Küche zu sitzen und einander zu erzählen. Die Zeit verging darüber. Der Sonntag überschritt seinen Zenit, sank in das Wellental seines Nachmittags. Wir mochten Sonntagnachmittage beide nicht. Kein Mensch mag eigentlich Sonntagnachmittage. Ich jedenfalls kenne niemanden. Und sie kannte auch niemanden, der Sonntagnachmittage mochte. Sie haben etwas Quälendes. Sie ziehen sich hin. Und sie vergehen trotzdem, gehen in den Sonntagabend über, der meistens schrecklich ist, münden in die Nacht, diesem Niemandsland der fließenden Übergänge.
Wir erklärten diesen Sonntag zu *unserem* Sonntag und nahmen uns fest

vor, ihn zu mögen. Seinen Nachmittag, seinen Abend. Wir werden ihn lieben, beschlossen wir. Das stimmte zuversichtlich.
Während wir redeten, nahm sie immer mehr Gestalt für mich an. Sie war nicht mehr vergangenheitslos, sie erhielt einen Hintergrund. Es war wie bei einem Menschen, den man nur von Photos kennt, und dann steht man ihm auf einmal in Wirklichkeit gegenüber, sieht, wie er sich bewegt und so.
Ihre Mutter war früh gestorben.
Ich habe einmal geträumt, wie mich meine Eltern gemacht haben. Hast du auch mal so etwas geträumt?
Schon möglich. Man sagt, jeder träumt davon. Aber ich kann mich nicht erinnern.
Ich war noch klein, als ich den Traum hatte. Ich glaube, meine Mutter war schon tot. Ich bin mir aber nicht sicher. Doch, doch … sie war schon tot. Es waren nicht meine Eltern, ich meine, sie sahen im Traum ganz anders aus als in Wirklichkeit. Sie waren schon älter, ein älteres kinderloses Ehepaar. Nachbarinnen waren da, und der Mann setzte seine Frau auf den Küchentisch und machte etwas unter ihrem Kleid. Die Nachbarinnen sahen zu. Er hörte dann auf, etwas unter ihrem Rock zu machen, trat einen Schritt zurück, meine Mutter glitt vom Tisch, ordnete ihr Kleid und sagte mit gerötetem Gesicht zu den Nachbarinnen: *Ich habe gar keine Angst.*
Ich machte: Hm.
Zu fremden Träumen kann man nichts sagen. Man kann sie nur zur Kenntnis nehmen und Hm machen. Das ist alles, was einem bleibt.
Wir schwiegen und tranken Kaffee und rauchten gemeinsam eine Zigarette. Sie wollte es so. Laß sie uns zusammen rauchen, sagte sie. Wir haben das früher auch so gemacht.
Wer *wir?*
Mein Vater und ich.
Seid ihr so gesessen wie wir jetzt?
Ja. – Stört dich das?
Warum sollte es mich stören, erwiderte ich eine Spur zu schnell.
Natürlich stört dich das.
Wenn ich es dir sage …

Du lügst verdammt schlecht, krauste sie die Nase.
Gut, ich finde es ein wenig komisch, wenn Vater und Tochter zusammen eine Zigarette rauchen.
Warum nicht? Es ist nichts dabei. Er war mein Vater.
Sie lachte, beugte sich über den Tisch zu mir, fuhr mir mit den Fingern durchs Haar wie einem dummen Jungen.
Willst du mir über ihn erzählen?
Nicht jetzt. Später vielleicht.
Gut.
Warte, ich kriege dich schon noch.
Wir ließen die Zigarette über den Tisch zwischen uns hin und her wandern. Wahrscheinlich hatte sie es genauso mit ihrem Vater gemacht. Es störte mich gewaltig, daß sie es so gemacht hatten, wie wir es jetzt taten.
Du möchtest jetzt gerne mit mir über meinen Vater reden, nicht wahr?
Ich gab keine Antwort.
Du denkst dir: Ich mußte seine Anzüge tragen, jetzt will ich mehr über den Kerl wissen. Ist es so?
Nicht ganz.
Was *nicht ganz?*
Nicht deswegen, weil ich seine Anzüge tragen mußte …
Sondern?
Das Gummizeug interessiert mich.
Welches Gummizeug?
Gestern. Das Gummizeug und die Eibischteigpastillen. Er hat sie gemocht, stimmt's?
Ja, er hat sie gemocht. Die Eibischteigpastillen und später das Gummizeug, als es das zu kaufen gab. Er war ganz verrückt danach. Sportgummi, zum Beispiel. Immer wenn wir ins Kino gingen, kaufte er eine Packung Sportgummi.
Und ein Glas Wein, ergänzte ich.
Ja, ein Glas Wein und Sportgummi. Die Sportgummis kaufte er für mich, weil er es für unmännlich hielt, in der Öffentlichkeit etwas Süßes zu essen. Er aß sie erst, wenn es im Saal dunkel war. Ich mußte mir am Buffet immer Sportgummis aussuchen. Manchmal sagte er

auch: Du möchtest doch sicher wieder *deine* Sportgummis. Ja, sagte ich. Dann sollst du sie haben. Einmal Sportgummi für das Fräulein. – Es machte mir wirklich nichts aus. Ich tat es gern. Für ihn. Ich mochte Sportgummi nicht besonders.
Ein Fußballspieler war auf der Packung abgebildet, erinnerte ich mich.
Wir hatten die Zigarette geraucht. Sie dämpfte sie aus.
Genau, ein Fußballspieler. Siehst du, das habe ich vergessen.
Damit hätte das Thema für uns erledigt sein können. War es aber nicht. Mich ritt der Teufel. Es war so, wie wenn man es gar nicht so genau wissen will, aber es dennoch nicht lassen kann und immer wieder stichelt, bis man den anderen in die Enge getrieben hat, und er nur noch das Furchtbare gestehen kann. Man weiß genau, nach dem Geständnis wird zwischen sich und dem anderen nichts mehr so sein, wie es einmal war, aber trotzdem …
Er ist vor drei Wochen gestorben, sagte ich ihr auf den Kopf zu.
Sie reagierte nicht.
Du hast ihm beim Sterben zugesehen.
Sie reagierte noch immer nicht.
Er hat lange gebraucht zum Sterben. Und er hat geschrieen dabei.
Darauf brauchte sie nichts zu sagen.
Du hast geglaubt, du wirst sein Schreien mögen.
Ja.
JETZT HABE ICH DICH!!!
Cute friends, stand auf ihrem Pyjamaoberteil.
Ja, ich habe gedacht, ich werde es mögen, es wird mir gefallen.
CUTE FRIENDS.
Nein, stell sie nicht, stell diese Frage nicht, aber da war sie schon heraus: Hast du ihn geliebt?
Sie biß sich auf die Fingerknöchel. Sie nagte richtiggehend an ihnen. Aber sie kämpfte nicht mit den Tränen. Sie war ihnen nicht näher, als ich ihr in diesem Augenblick war. Nur ihr Herz schlug so rasch wie meines, wenn nicht rascher. Da war ich mir ganz sicher.
Ja. Sie hatte ihn geliebt. Sie hatte den Eibischteigpastillen-Gummizeug-Liebhaber, diesen Kerl mit den unmöglichen Anzügen geliebt.
Ich wollte mich noch zurückhalten, doch ich konnte nicht. Irgendetwas

in mir war in Bewegung geraten. Der Mechanismus des Verlangens nach der Wahrheit, der einzigen, unumstößlichen Wahrheit. Wenn man der Wahrheit nahe ist, will man sie hören, alles, ohne Rücksicht auf Verluste. Die Wahrheit ist stärker als die Konventionen. Stärker auch als die Angst vor ihr. Ich kam nicht gegen sie an, und so sagte ich – und hörte mich sagen – im Ton einer Feststellung, damit sie mir nicht mehr entkommen konnte:
Und einmal hast du ihn gefragt – wie war das? Ich tat, als müßte ich nachdenken, wie sie es gestern formuliert hatte, als suche ich den genauen Wortlaut. Einmal hast du ihn gefragt: *Kann dir nicht gleichgültig sein, was ich mache?* Und er hat gesagt …
Nein. Ich habe ihn angeschrieen durchs Telephon. Ich war in einer Telephonzelle und habe so laut geschrieen, daß die Leute, die draußen auf der Straße vorbeigingen, stehen geblieben sind. Es kann dir ganz egal sein, was ich mache, habe ich in den Hörer gebrüllt, und er, am anderen Ende der Leitung, hat gesagt: Nein.
Sie warf den Kopf in den Nacken.
Nein, hat er gesagt, und es wird mir nie egal sein, was du machst. Diesen Gefallen tue ich dir nicht. Niemals.
Wann war das?
Als ich in Paris war.
Du warst in Paris?
Ja.
Was hast du dort gemacht?
Ich war verliebt. Zum ersten Mal in meinem Leben. Es war herrlich. Er war am ganzen Körper braun, fast schwarz. Er hat gut ausgesehen in seinem Taxi. Er hat studiert. Wir wohnten in einer winzigen Wohnung in der Nähe vom *République*. Es war ein bißchen wie im Film. Ich dachte, es könnte ewig so weitergehen.
Sie redete weiter und weiter. Ich dachte an Michelle Morgan, an Jean Gabin und an die ganzen französischen Filme aus den dreißiger Jahren, die ich mir gemeinsam mit Anna hatte ansehen müssen. Szenen gingen mir durch den Kopf. Ich hörte gar nicht mehr zu, was sie redete, bis sie plötzlich ganz leise sagte:
Und da bin ich zu ihm zurückgekehrt.

Ich wußte, ich hatte etwas ganz Wichtiges verpaßt, wollte aber nicht nachfragen. Sie gab mir auch keine Gelegenheit dazu.
Sie war aufgestanden und ging in der Küche umher. Sie berührte verschiedene Gegenstände mit den Fingerspitzen, schwieg, meinte dann lakonisch: So war das. Jetzt weißt du es.
Verdammt, warum hatte ich nicht aufgepaßt!
Bist du jetzt zufrieden?
Es klang gequält, wie sie es sagte.
Ich zündete mir eine Zigarette an. Es war die letzte in der Packung.
Frierst du nicht mit den nackten Füßen am Steinboden, fragte ich.
Sie ignorierte es. Sie ignorierte mich.
Du hast ihn nicht geliebt, sondern gehaßt.
Sie sah mich an mit einem Blick, der mir zu verstehen gab: Was weißt denn du!
Du hast ihn nicht geliebt, sondern gehaßt, wiederholte ich.
Was weißt denn du! Sitzt da in meinem Bademantel, an meinem Tisch, aschst in die leere Kaffeetasse. Was weißt denn du? Nichts weißt du. Gar nichts. Von mir nichts. Überhaupt nichts. Du glaubst, die Welt ist für dich zusammengebrochen, und sie wird nicht mehr. Du führst dich auf, als hättest du ein Recht dazu. Du stellst mir Fragen. Du behauptest irgendetwas. Du, gerade du! Du hast es nötig, gescheit daherzureden! Was weißt denn du schon! Du schluckst deine Medikamente, du kriegst deine Anfälle, du hast Angst vor dem Tod, eine Scheißangst, und dabei weißt du gar nichts …
Ich fing an zu grinsen. Übers ganze Gesicht. Es kam einfach über mich. Ich spürte, wie sich meine Mundwinkel nach oben zogen. Wie mein ganzes Gesicht sich nach oben schob. Ich grinste sie an. *Schau mich nur blöd an! Du bist doch nur eine hysterische Tussi, die sich von ihrem Vater die Liebesgeschichte ihres Lebens versauen hat lassen. Wärst du doch bei deinem schwarzen Lover geblieben! Hat er wenigstens einen großen gehabt, wie man es von den Schwarzen immer sagt? Dann hat es sich zumindest ausgezahlt für dich. Kennst du den Witz, warum die Schwarzafrikaner einen so großen haben? Weil sie sich Steine dranhängen. Aber sie übertreiben, und bei der Erektion bleibt die untere Hälfte vom Schwanz dann schlaff, und sie müssen ihn in die Fut hineinstopfen. War's bei euch*

auch so? Stelle ich mir blöd vor, wenn er rummurksen muß, damit er sein Ding überhaupt hineinstecken kann. Immer breiter grinste ich. Konnte gar nichts dagegen tun. Kam dagegen nicht an. Es war stärker als ich. Der Mechanismus der Wahrheit ...
Sie ging mit den Fäusten auf mich los. Sie schlug mich ins Gesicht, auf die Brust, überall, wo sie hintraf. Sie war wie rasend. Der Mechanismus, der unerbittliche Maschinerie, durch nichts mehr zu stoppen.
Sie schlug und schlug. Blind. Sie verletzte mich mit den Fingernägeln an der rechten Wange, ihre Faust traf mich mit voller Wucht am Ohr, daß ich die himmlischen Stromdrähte summen hörte. Zuerst setzte ich nicht allzuviel Kraft ein, ihre Schläge abzuwehren, aber dann reichte es mir, und ich packte sie an den Handgelenken.
Man kennt das ja aus Filmen. Der Mann versucht die Frau zu bändigen, hält sie an den Handgelenken fest. Dann bricht sie schluchzend in sich zusammen und stammelt an seiner Brust: Du elender Schuft ... So war es bei uns aber nicht. Es gelang ihr, einen Arm wieder freizubekommen. Nachdem ich ihn wieder eingefangen hatte, trat sie mit den Füßen – tolle Beinarbeit! –, zog blitzschnell das Knie hoch, fast hätte ich es in meine Weichteile bekommen.
Dabei lachte ich die ganze Zeit. Ich lachte, als sei das alles ein toller Scherz. Ich schüttete all mein Lachen über sie wie Unrat.
Ihr Vater, ihr schwarzafrikanischer Taxifahrer, war das nicht alles zum Lachen? Irrsinnig komisch! Und dabei das reinste Melodram. Die Tochter kehrt heim und bleibt bei ihrem Vater, der sie um die einzige Liebe ihres Lebens gebracht hat, dafür haßt sie ihn wie niemanden sonst auf der Welt, aber sie bleibt bei ihrem Vater und pflegt ihn, bis er stirbt. Na, ist das nicht einfach zum Lachen! Das ist so banal, so abgedroschen, so ...
Auf einmal wurde sie ruhig. Noch einen Augenblick hielt ich ihre Handgelenke fest ...
Okay ..., sagte sie atemlos, okay ... es ist alles in Ordnung. Ich habe mich unter Kontrolle. Entschuldige, das war nicht geplant. Und ging aus der Küche.
Das hatten wir schon, Mädchen. Gestern. Die Szene mit dem Gummizeug. Du rennst raus, ich stehe in der Küche wie ein Vollidiot. Du wiederholst

dich. Wiederholungen sind langweilig. Und peinlich. Fällt dir nichts anderes ein? Jetzt wird es wirklich nur noch peinlich, Mädchen.
Ich hörte eine Schranktür knarren.
Wenn du jetzt mit meinen Sachen angetanzt kommst und sagst, ich soll gehen … – Nein, tu's nicht. Bitte. Mach dich nicht noch lächerlicher, als du ohnehin schon bist. Mach nicht, was alle machen würden in dieser Situation. Ich kann mich nicht so in dir getäuscht haben!
Doch tatsächlich. Sie kam mit meinen Sachen. Ich weiß nicht, wo sie sie versteckt hatte, daß ich sie in der Nacht nicht hatte finden können. Sie hielt sie mir hin mit durchgestrecktem Arm, *Mädchen, du enttäuscht mich*, hielt sie mir hin, auffordernd, *also wirklich, du enttäuscht mich sehr.*
Was soll ich damit?
Zieh das an.
Warum?
Du willst doch sicher jetzt gehen.
Will ich?
Keine Antwort.
Muß ich?
Keine Antwort.
Soll ich?
Keine Antwort.
– – –
Ihr Arm sank herunter. Ganz langsam. Man konnte förmlich zusehen, wie die Kraft aus ihm wich.
Dann stand sie da inmitten meiner Kleidungsstücke. Ich wollte auf sie zutreten, stieß dabei gegen den Stuhl, der krachend umfiel.
Meine Ungeschicklichkeit brach den Bann zwischen uns. Der Mechanismus der Wahrheit kam auf wundersame Weise zum Stillstand. Die Maschinerie stoppte. Ihr Räderwerk, das uns beinahe zermalen hätte, erstarrte in sich.
– – –
– – –
Es gab viele Photos von ihr als Kind, als Jugendliche.
Das ist der nächste Schritt zum Verhängnis. Zuerst erzählt man dem anderen von sich, dann zeigt man Photos her. So zerstört man die

letzten Freiräume der Phantasie, unterbindet die Mutmaßungen, legt dar, legt fest, dokumentiert, zwingt dem anderen die eigene Realität auf. Das bin ich … da war ich …
Wir saßen am Bett. Zwischen uns unzählige Photoalben. Ihre ganze Vergangenheit.
Photos. Bilder. Schnappschüsse. Schwarzweiß. Farbe. Sie war ein nettes Kind. Sehr fröhlich. Typ *Unser Sonnenschein*, in die Kamera lachend. Als Teenager immer in Posen, stets sich dessen bewußt, daß das Bild den Augenblick, den es festhält, überdauert, daß der Sekundenbruchteil der Belichtung die endgültige Vergangenheit ist.
Auf den meisten Photos war nur sie zu sehen, und auf den wenigen, auf denen sie mit anderen war, wollte sie natürlich, daß ich sie suche.
Es war ganz leicht, sie zu finden. Sie war unverwechselbar. Ab und zu vertippte ich mich absichtlich. Dann tat sie enttäuscht.
Ich haßte es, photographiert zu werden, beteuerte sie zwischendurch immer wieder. Gott, wie ich es haßte!
Angesichts der Menge von Bildern, die es von ihr gab, mußte ich mal kurz lachen.
Erzähl mir doch nichts, du hast es geliebt, photographiert zu werden. Sieh dir doch einmal deinen Gesichtsausdruck auf dem Bild da an.
Ja, auch. Ich habe es geliebt und gehaßt.
Du hast sicher schon damals gewußt, daß du wunderschön bist.
Ich habe es geglaubt.
Nein, du warst dir ganz sicher. Es ist auch nicht zu übersehen, du bist wunderschön.
Ach, red nicht so ein dummes Zeug.
Sie war richtig verlegen. Es machte mir Spaß, sie noch verlegener zu machen, indem ich ihr billige Komplimente machte. So sagte ich zum Beispiel, daß ich ihr Gesicht mochte, daß ihr Gesicht irgendetwas an sich habe, das …, ich konnte es nicht sagen, ich fand kein Wort dafür. Sie wand sich förmlich vor Verlegenheit und wurde ganz rot. Ich schob die Alben beiseite, sagte zu ihr: Heb die Arme hoch, zog ihr das Pyjamaoberteil aus, preßte mein Gesicht zwischen ihre Brüste und atmete ihren Geruch dort ein. Sie roch ganz schwach. Was ich tat, machte sie an. Und es machte mich auch an. Ich wollte. Und ich wußte, daß ich

diesmal konnte. Ich konnte. Ich brauchte es mir nicht einzureden. Ich brauchte es nicht zu wollen. Ich wußte es. Was ich empfand war stärker als die Distanz, die ich das Fluctin zwischen mir und der Welt hatte schaffen lassen. Ich zog sie in die Horizontale. Sie lachte auf, weil ich sie irgendwo an einer kitzligen Stelle erwischt hatte. Ich lachte. Wir sahen uns an wie in Spiegeln. Wir hielten die ganze Zeit die Augen offen. In den Gruben ihrer Schlüsselbeine roch sie anders als zwischen den Brüsten. Und ihre Achseln rochen wieder anders. *Ich durfte nur nicht wollen.* Das war alles. Nur nicht wollen. Und ich wollte nicht. Nein. Es ist doch egal. Egal. Sie gab mir zu verstehen, daß sie mich spürte. Ich spürte sie nicht. Dann schon. Wie im nachhinein. Sie war da. Irgendwo in einer Dunkelheit war sie. Ich spürte ihre Nähe wie hinter Schleiern, die der Reihe nach fielen. Unsere Beine stießen gegen die Photoalben, gegen die Bilder ihrer Vergangenheit. DU SOLLST DIR KEIN BILD MACHEN. Heute … sehen wir … in halbblinde Spiegel … nur schemenhafte Umrisse … doch morgen … Der dreieckige krebsrote Fleck unter ihrem Schlüsselbein bannte meinen Blick. Ich hielt mitten in der Bewegung inne. Sie wußte genau, worauf ich starrte. Lag still. Unter mir. Abwartend. Was kommen würde. Wovon mein Blick nur der Anfang war. Regungslos. Bis sie schließlich ihre Hand in einer unendlich sanften Bewegung auf ihre *Wunde* legte. Es war ein perfektes Timing. Auf die Sekunde genau entzog sie ihre *Verletzung* meinem Blick, genau dann, als ich sie fragen wollte, woher …

Sie wand sich unter mir hervor wie unter Trümmern. Sie räumte die Photoalben weg. Obwohl sie nackt war, war sie angezogen. Sie verbarg ihre Nacktheit hinter der Tätigkeit, die sie ausführte. Ihre Bewegungen waren wie Kleidungsstücke.

Ich habe Hunger, meinte sie übertrieben geschäftig und heiter, gelöst, als hätte sie eben einen wunderbaren Fick gehabt. Wollen wir Spaghetti mit Sugo essen? Es geht ganz rasch.

Ich kannte das schon. Das war ihr Trick. Einer ihrer Tricks. Damit, glaubte sie, sich aus allem herauswinden zu können. Frag einen Menschen, ob er was essen will, oder frag ihn irgendwas, was mit der Sache, um die es eigentlich geht, nichts zu tun hat. Tu dabei geschäftig und gib dich heiter, eine Prise kindlicher Unbekümmertheit, und du

hast es geschafft. *Aber nicht bei mir, Mädchen! Da hast du dich geschnitten.* [Nichts macht einen Menschen so wütend wie eine Frage, die er nicht stellen kann.]
Nein, sagte ich, ich will nichts essen.
Sie stand da, erschrocken fast, aber nicht darüber, daß ich keinen Hunger hatte, sah mich flehend und mit hängenden Schultern an.
Willst du wirklich nichts essen?
Als ob es ums Essen ginge! Mädchen, für wie blöd hältst du mich eigentlich?
Von mir aus können wir auch was essen. Wir können alles tun, was wir wollen. Wo hast du das *Fluctin?*
Brauchst du es?
Nein, aber ich habe es gerne bei mir. Ich brauche es jetzt nicht, aber ich will wissen, wo es ist.
Sie ging es holen, kam zurück, gab es mir. Ich legte die Packung neben das Bett auf den Boden.
Allein ihre Anwesenheit schuf Distanz zwischen uns.
Sie stand jetzt am Fußende des Bettes. Ich glaube, ich habe vergessen zu erwähnen, daß es ein Bett mit einem Eisengestell war, so wie man es in diesen französischen Filmen aus den dreißiger Jahren sieht, die Anna ... ach, ich wiederhole mich.
Ich sah sie mir ganz genau an, so wie sie dastand. Ich sah sie mir an und stellte mir vor, ich sei irgendein Freier, der bei einer jungen Prostituierten war. Ich hatte mich gerade ausgezogen und aufs Bett gelegt, sie hatte sich noch in einem kleinen Nebenraum über einem Lavoir hockelnd die Möse gewaschen, war gerade zu mir gekommen, stellte sich hin, vor mich, wie ich es von ihr verlangt hatte, und ich sah sie mir an.
Sie hatte keinen Weiß-ich-was-für-einen-Körper. Für eine Hure verfügte sie nicht gerade über die weiblichsten Formen. Sie war mehr was für den Kenner, der nicht auf das Übliche steht und sich hinterher noch ein wenig unterhalten will, für den Liebhaber, den es in Fahrt bringt, wenn er hinter dem Körper, den er bezahlt, ein unbezahlbar trauriges Schicksal wittert.
Wenn sie eine andere Tapete gehabt hätte, etwas mit Blumen drauf, und zufällig ein Photograph mit einer alten Kamera anwesend gewesen wäre, es wäre vielleicht ein ganz tolles Bild geworden, sehr stimmungs-

voll und vieldeutig, eine junge Prostituierte am Fußende des Bettes stehend, beide Hände am Eisengestänge, der Freier liegend, die Arme hinter dem Kopf, sie betrachtend.
Du bist böse auf mich.
Ach was, sagte ich. Das vergeht schon wieder.
Du bist böse, weil ich dich so viel gefragt habe, und weil ich nicht will, daß du mich was fragst. Ist es nicht so? Ich will alles wissen, aber du sollst nichts von mir erfahren.
Immerhin hast du mir Bilder von dir gezeigt, suchte ich erst mal einzulenken. Wäre ich sofort darauf eingestiegen, wäre das Gespräch in eine Richtung gelaufen, in der sie über Umwege erreichen würde, was sie wollte. Wie gesagt, sie war gerissen. Sie kannte die Tricks. Alle. Glaube ich zumindest. Oder wenigstens die meisten.
Du hast mir Bilder gezeigt und mir von Paris erzählt, sagte ich zu ihr, ich finde, das ist ganz schön viel.
Ich wollte nicht, aber mein Blick verirrte sich immer wieder zu der krebsroten Narbe unter ihrem Schlüsselbein. Das war, wie wenn man eine Wunde im Mund hat, eine Verletzung am Zahnfleisch, eine Fistel oder wenn einem der Zahnarzt gerade den Zahnstein entfernt hat und die Zahnreihen innen ganz rauh sind, und man fährt mit der Zunge immer wieder hin. Es tut weh, aber man kann nichts machen, man kann sich noch so oft sagen: Laß die Wunde in Ruhe, die Zunge verselbständigt sich und kehrt immer wieder dorthin zurück, wo es weh tut.
Du kannst mich alles fragen. Wenn du was wissen willst, frag einfach. Ich will vor dir keine Geheimnisse haben. Aber *darüber*, sie deutete mit dem Kinn in die Richtung des Schlüsselbeins, darüber frag mich bitte nicht. Frag mich einfach nicht …
Das ist ja wie in einem Märchen. Das große Geheimnis, sagte ich übertrieben gedehnt.
Ist es ja auch, sagte sie amüsiert. Es ist mit uns beiden wie in einem Märchen.
In einem Märchen? – Ich kenne kein Märchen, in dem zwei Menschen einander begegnen, als sie gerade Leuten beim Sterben zusehen. Ein schönes Märchen ist das!
Ein wunderschönes, sagte sie und schloß für einen Moment die Augen.

Und wir – wir sind mittendrin. Wir sind die Hauptpersonen in diesem wunderschönen, phantastischen Märchen.
Sie stürzte sich auf mich, umarmte mich, herzte, küßte, koste mich, war ganz außer sich. Aber sie spielte nur. Ich merkte es daran, wie sie mich küßte. Ihre Lippen waren ganz hart und angespannt.
Ich versuchte, sie wegzudrücken, zuerst wie im Spaß, aber sie merkte, daß es meinerseits kein Spaß war. Je mehr Kraft ich einsetzte, um sie abzuwehren, umso heftiger wurden ihre Umarmungen. Sie hatten etwas Verzweifeltes. Und die Verzweiflung machte sie stark.
Schließlich stieß ich sie heftig von mir – heftiger, als ich vorgehabt hatte – und richtete mich auf.
Wir sind gar nichts. Wir sind zwei hirnverbrannte Idioten. Wir kommen uns furchtbar allein vor auf dieser Welt. Und das Schlimme ist, daß wir wirklich allein sind. Dagegen können wir nichts tun. Wir besorgen es uns gegenseitig ganz schön. Wir schlagen aufeinander ein mit Fäusten und Worten, wir umkreisen einander, jeder auf der Suche nach dem wunden Punkt des anderen, und haben wir ihn gefunden, stoßen wir echsengleich vor. Wir bringen einander zum Lachen, aber nur, um uns davon abzulenken, daß uns überhaupt nicht zum Lachen ist. Wir tun einander weh, aber nur, um uns davon abzulenken, daß uns gar nichts mehr weh tun kann. Wir weinen, weil wir unsere Tränen für authentisch halten. Doch sie sind es nicht. An uns ist nichts authentisch. An dir nicht, an mir nicht. Wir erzählen uns gegenseitig aus unserer Vergangenheit, als wollten wir uns gegenseitig Vertrauen beweisen. Wir gestehen einander all unsere Schwächen, jeder gibt sich alle erdenkliche Mühe, sich dem anderen von seiner schlechtesten, miesesten, neurotischsten Seite zu zeigen, und wenn der andere dann noch immer da ist und nicht fort, wie jeder halbwegs normale Mensch in einer solchen Situation längst fort wäre, sehen wir das als ein Zeichen seiner Liebe. So ist das. Wenn du mich fragst, ist das so. Du gehst mit Fäusten auf mich los, dann kommst du, hältst mir meine Sachen hin und hast Angst, daß ich weggehe. Du willst nicht, daß ich weggehe. Und ich will nicht weggehen. Und habe Angst, daß du es wollen könntest. Aber warum? Warum wollen wir nicht? Warum können wir nicht wollen?

Ich griff nach der *Fluctin*-Packung, hielt sie ihr vors Gesicht. Weißt du, daß ich vorhin daran dachte, das Zeug ins Klo zu werfen, um … um dir etwas zu beweisen … ich war fest entschlossen … [Das war natürlich alles Lüge und große Show. Ich hatte keinen Augenblick daran gedacht. Keinen Sekundenbruchteil wäre mir so etwas in den Sinn gekommen. Aber ich fand, es klang gut, es paßte zu dem, was ich sagte und zu der ganzen wabbernden Melodramatik.] Das ist Scheiße, verstehst du? Der erste Anfall ist schlimm, du hast es heute nacht erlebt, aber der nächste ist noch viel schlimmer, und der übernächste … aber das war mir egal … mit jedem Anfall hätte ich dir bewiesen, daß du es mir wert bist … So verrückt kannst du einen Menschen machen. Aber das Verrückteste …

Worum ging es eigentlich? Ich redete, brachte alles durcheinander und redete so schnell, daß die Wörter sich überschlugen, ich spuckte beim Sprechen, redete mich in etwas hinein, von dem ich sicher war, daß ich es auch so meinte. Ich war fest davon überzeugt, daß alles, was ich sagte, richtig war, nein: nicht bloß richtig, sondern wahr. Die trügerische Mechanik der Wahrheit. Wahr. WAHR. *Eine mathematische Gleichung kann richtig sein. Eine Wegangabe kann richtig sein, wenn sie den Orientierungslosen zum Ziel führt. Aber deshalb ist sie noch lange nicht wahr. Aber was ich sagte, war wahr. Alles. Es entsprach nicht nur der Wahrheit, es war mit der Wahrheit deckungsgleich.*

Doch darum ging es nicht. Ein paar Sachen in meinem wirren Gefasel hatten schon ihre Berechtigung. Mußten gesagt werden. Zum Beispiel als ich ihr auf den Kopf zusagte, warum wir uns beide ausgerechnet vor der Glasscheibe getroffen hatten, durch die wir Leuten beim Sterben zusehen konnten. Weil wir nämlich beide gleich sind, beide auf der Suche nach dem größtmöglichen Schmerz, damit wir einmal, einmal nur wir selber sind, bevor wir sterben. Ist es nicht so? Ist es nicht so? Wir suchen den Schmerz, den unaufhörlichen, wie andere mit der Wünschelrute eine Wasserader. Wir brauchen den Schmerz. Er hält uns am Leben. Er ist der Grenzstein gegen den Tod. Und wir besorgen ihn uns. Wir decken uns ein mit ihm, legen Vorräte an für die schmerzlose Zeit. Wir haben jeder unsere Schmerzquellen. An der einzigen, die wir gemeinsam haben, haben wir uns getroffen, vor der Glasscheibe im Spital. Zufall? – Egal! Nicht egal!

Ach, scheiß drauf! Zu niemandem hatte ich jemals so sprechen können wir zu ihr. *Und da wußte ich, daß ich Angst hatte. Angst, sie zu verlieren. Angst, ihr nicht gewachsen zu sein. Angst. Ich hatte in meinem Leben immerzu Angst gehabt. Als Kind. Als Erwachsener. In einer Tour Angst. Ich lebte gegen diese Angst an. Ich tat alles mögliche und unmögliche, um diese Angst nicht wahrhaben zu müssen. Eine gierige Angst, die nicht genug kriegen konnte. Sie hatte mich in Abwaschbecken pissen lassen und zum Dieb werden in den Augen einer erschreckten Frau, die nicht wußte, wie ihr geschah. Die Angst hatte mich Dinge tun lassen, mit denen ich mich den Erinnerungen fremder Menschen einprägte wie ein Brandzeichen.* DENK AN MICH, SO WERDE ICH NICHT SPURLOS VERGEHEN. *Und jetzt – jetzt hatte ich eine Höllenangst, und ich redete, war nicht zu bremsen. In Form von wirren Anklagen, unhinterfragten Phrasen, billigen Lügen und hirnrissigen Schlußfolgerungen schrie ich* ihr *meine ganze Angst ins Gesicht, weil die Angst selbst kein Gesicht hat.*

Sie wurde immer ruhiger, je aufgeregter ich wurde. Sie sah mich an, als versuche sie ernsthaft, meinen Gedankengängen und -sprüngen zu folgen. Ich hätte gerne ihre Brüste geküßt, die sich ruhig hoben und senkten.

Nur einmal zuckte sie zusammen, weil sie nämlich glaubte, ich sei außer mir, wisse nicht mehr, was ich täte, und wolle ihr ins Gesicht schlagen. Daß sie das auch nur im entferntesten von mir denken konnte, tat mir unendlich leid und ließ mich verstummen mitten im Wort. Ich senkte den Kopf.

Hätte weiß Gott was dafür gegeben, wenn sie meinen Kopf zwischen ihre Hände genommen hätte, jetzt.

Doch sie rührte sich nicht. Wartete sie darauf, daß noch etwas nachkam? Dachte sie, ich sei noch nicht am Ende?

Du hast recht, fing sie dann leise und sehr sachlich an. Nur ein Anflug von Traurigkeit lag in ihrer Stimme. Wir haben Spielchen gespielt. Obwohl ich selbst gesagt habe: Keine Spielchen. Aber scheinbar können wir nicht anders als spielen. Das finde ich schade. Ich habe es mir so schön vorgestellt, aber ich darf mich nicht beklagen. Ich selbst habe mit den Spielchen angefangen.

Sie wußte genau, was sie mit diesem Geständnis tat. Wie ein Hund, der

im Kampf unterlegen ist, dem anderen, so hielt sie mir die Kehle hin. Ich konnte zubeißen und mich in ihrem Blut wälzen, wenn ich wollte. – Aber nein. Nein. – Sie war zu schlau. Sie hatte den Zeitpunkt abgewartet, an dem ich nach meiner ganzen Schreierei zu erschöpft war, um die Gelegenheit, sie zu töten, wahrzunehmen, meine Chance – *die letzte Chance, die ich hatte* – zu nutzen. Statt dessen fragte ich blöd:
Wie meinst du das?
Sie wandte ihr Gesicht zur Seite. Ihre Hände lagen in ihrem Schoß, die rechte über der linken, die Handflächen nach oben gekehrt. Wie Bettler dasitzen neben den Abgängen zu den U-Bahn-Stationen.
Spielchen, sagte sie, hob die nackten Schultern, ließ sie fallen. Spielchen eben. Die Anzüge, in die ich dich gesteckt habe. Daß ich unbedingt wollte, daß du im Café Zeitungen liest und am Kinobuffet ein Glas Wein trinkst. Das meine ich mit Spielchen. Ich habe mit dir gespielt. Du hast mitgespielt. Ich habe es genossen. Es ist auch schön, wenn jemand mit einem spielt. Man kommt sich dann für ein paar Momente nicht so allein vor.
Sie schwieg. Langsam verstand ich. Ich verstand immer mehr, je länger sie schwieg. Hätte sie noch einen Moment länger den Mund gehalten, hätte ich wahrscheinlich alles verstanden, was es zu verstehen gab. *Und das wäre meine Rettung gewesen.*
Aber ich wollte *es* wissen. Ich wollte es genau wissen. Ich war so dicht dran, daß ich das erste Wort, das sie nach dem Schweigen sagte, zum Anlaß nahm, alles, was ich bisher verstanden hatte, für einen Irrtum meinerseits zu halten. Ich wollte mich geirrt haben.
Wer sich irren will, verdient den Tod.
Mir war schon lange klar gewesen, daß alles mit ihrem Vater zusammenhing. Sie bestritt das nicht.
Sag mir eins, hat er auch ins Waschbecken gepinkelt?
Ja, das hat er. Es war seine Art. Er meinte, ein Recht dazu zu haben in seiner Wohnung. Vor seiner Familie. Als er schon sehr krank war, ließ er sich von mir ins Badezimmer führen. Ich bat ihn, es nicht zu tun. Während ich ihn noch bat, wußte ich, daß meine Mutter ihn auch vergebens darum gebeten hatte. Er lachte, ich mußte ihn stützen, und er machte vor meinen Augen ins Waschbecken.

Warum wolltest du, daß ich es auch tue?
Sie schüttelte den Kopf, wie man den Kopf über jemanden schüttelt, der noch immer nicht kapiert.
Ich wollte sehen, wie das ist bei einem anderen Menschen, sagte sie dann mit einem Anflug von Bedauern darüber in der Stimme, mir überhaupt eine Antwort auf meine Frage geben zu müssen. Auch die Anzüge, die Zeitungen im Café, das Glas Wein im Kino, fügte sie hinzu. Ich wollte wissen, was ich dabei empfinde, wenn ein anderer tut, was mein Vater getan hat.
Und der Flohmarkt?
Wir sind oft zusammen auf den Flohmarkt gegangen. Es war eine Leidenschaft von uns. Das Alte, Dinge, die viel Vergangenheit haben … Sie haben sich vollgesogen mit Zeit. Er hat oft die alten Sachen berührt. Er hat einfach seine Hand auf irgendein Ding gelegt. Er hat *es* fühlen können. Du kannst es nicht. Du hast kein Gespür dafür. Aber er ist auch immer bei den alten Büchern stehen geblieben. Wie du.
Was hast du empfunden, als ich für dich ins Waschbecken gepinkelt habe?
Nichts. Ich habe gar nichts empfunden. So wenig wie bei den Anzügen. Oder am Flohmarkt, im Café, im Kino. Du bist nicht er. Ich habe mir alle erdenkliche Mühe gegeben, wenigstens eine Ähnlichkeit zwischen dir und ihm zu finden, aber …
Aber?
Du hast keine Ähnlichkeit mit ihm. Du bist nicht er. Das habe ich heute Nacht verstanden, als ich dich weinend vor den Kästen am Boden sah. Einmal habe ich so etwas Ähnliches mit ihm erlebt. Er suchte die Spritzen. Er war halb wahnsinnig vor Schmerzen. Ich war fort gewesen, nur kurz, einkaufen … Sie lachte hell auf.
Warum lachst du?
Weil ich schon wieder ein Spielchen spiele.
Inwiefern?
Ich war nicht einkaufen. Ich habe nur zu ihm gesagt, ich gehe einkaufen, aber in Wirklichkeit bin ich am Nachmittag fortgegangen und erst in der Nacht zurückgekommen. Ich wußte genau, daß er seine Spritzen brauchte. Ich mußte sie ihm immer geben. Ich hatte sie gut versteckt,

bevor ich wegging. Es war nahezu unmöglich, daß er sie finden würde. Ich bin ins Kino gegangen. Ich habe mir am Buffet etwas ausgesucht. Wie früher, wenn ich als Kind mit meinem Vater ins Kino gegangen bin und mir habe Sportgummi aussuchen dürfen, und er hat ein Glas Wein getrunken. Daran mußte ich damals denken. Ich habe einen jungen Mann auf den Einlaß warten sehen. Ich habe ihn angesprochen und ihn gefragt, ob ich ihn auf ein Glas Wein einladen darf. Er hat mich ganz verdutzt angeschaut, dann aber die Einladung angenommen. Natürlich hat er nichts kapiert, und nach dem Film hat er beim Ausgang auf mich gewartet und wollte noch wo hingehen mit mir. Ich bin mit ihm mitgegangen ... Langweile ich dich eigentlich?
Ihre Geschichte tat mir so weh, daß ich nur ein heiseres *Nein* hervorbrachte.
Ich bin mit ihm mitgegangen. In ein Lokal. Wir haben etwas getrunken. Er war ganz nett. Ich wußte schon, was er von mir wollte. Es hat mir Spaß gemacht, ihn zappeln zu lassen. Ich hatte aber auch Lust. Ich war unentschlossen. Ich habe mich gefühlt wie in so einem künstlerischen Problemfilm, in denen es ganz trist zugeht und vollkommen unlogisch, aber man immerzu das Gefühl hat: So ist das Leben.
Als er dann – er hat es sich ohnehin lange verkniffen – aufs Klo mußte, bin ich getürmt. Daheim habe ich meinen Vater auf dem Boden gefunden. Er hat starke Schmerzen gehabt. In meiner Abwesenheit hat er in der ganzen Wohnung nach den Spritzen gesucht. Aber natürlich hat er sie nicht gefunden. Er hat gewimmert. Er war nackt. So wie du heute Nacht. Ich habe ihm die Spritze gegeben. Und gleich hinterher noch eine. Daß ihn die zweite nicht umgebracht hat, ist ein Wunder. Er war sehr stark. Selbst als er starb, war er noch sehr stark. Die Ärzte haben gesagt, er hat ein starkes Herz, darum dauerte es bei ihm auch so lange, bis er starb. Das Herz schlug immer weiter. Er wollte vielleicht schon sterben, aber sein Herz ließ ihn nicht. Sechsunddreißig Stunden war er bewußtlos nach der zweiten Spritze. Ich saß da und horchte auf seinen Atem. Manchmal hörte ich ihn nicht, dann sprang ich auf und hielt ihm meinen kleinen Spiegel vor den Mund. Ich holte keinen Arzt. Ich wußte, wenn er mir jetzt starb, war ich dran. Aber das war mir egal. Dann erwachte er. Er war sehr schwach. Es ging ihm schlecht. Aber er hatte

noch genug Kraft, mich zu fragen, wo ich gewesen war. Er konnte sich an alles ganz genau erinnern.

Er hat mich immer gefragt, wo ich gewesen bin. Ich glaube, das war die Frage, die er mir am öftesten gestellt hat. Er hat mich viel gefragt, wollte alles von mir wissen. Ich erzählte es ihm. Es hat nie Zweck gehabt zu versuchen, ihn anzulügen. Er war ein Mensch, den man nicht anlügen konnte. Ich erzählte ihm, wo ich gewesen war, und auch von dem jungen Mann. Er schrie mich an, soweit er dazu noch in der Lage war. Es war mehr ein Krächzen. Er warf mir vor, eine Schlampe zu sein, aber in seinen Augen war so ein seltsames Leuchten, und die größte Freude, die ich ihm jetzt machen konnte, war die, ihm zu erzählen, daß ich mit dem Jungen ins Bett gegangen sei. Und das tat ich auch. Ich erzählte es ihm. Er wußte genau, daß ich log. Er wollte es so. Es gefiel ihm. Er wollte noch mehr hören. Ich ging ins Detail. Er warf den Kopf in die Kissen und krächzte, ich sei eine wirkliche Schlampe. Ich habe ihm immer *davon* erzählen müssen …

Kann dir nicht gleichgültig sein, was ich mache?

Nein, und es wird mir nie egal sein, was du machst. Diesen Gefallen tue ich dir nicht. Niemals.

Dann hat er gesagt, daß er mich dafür bestrafen muß. Wenn ich etwas angestellt habe, hat er immer angekündigt, daß er mich bestrafen muß. Aber er hat sich Zeit gelassen. Oft Tage, Wochen. Weißt du, was das für ein Gefühl ist? – Du lebst, aber du weißt, daß die Strafe kommt. Die Strafe steht dir bevor. Irgendwann holt *es* dich ein. Du lachst mit deinem Vater. Du gehst an seiner Hand spazieren. Du gehst mit ihm ins Kino und darfst dir Sportgummi aussuchen am Buffet. Aber du weißt: Er wird dich strafen. Er erzählte mir, er hätte seinen Stiefvater immer vorher um die Strafe bitten müssen. Ich mußte ihn nicht bitten. Einmal spielte er mit mir. Irgendein Brettspiel. Ich war am Gewinnen. Ich wußte, er ließ mich gewinnen, aber ich freute mich trotzdem. Und dann sagte er: *Jetzt ist es soweit.* Er nahm mich an der Hand, dann strafte er mich. So war es auch diesmal. Er ließ Zeit vergehen. Als hätte er, dem der Tod schon im Gesicht stand, alle Zeit der Welt. Er kam zu Kräften. Das Verteufelte an seiner Krankheit war, daß sie schubweise voranschritt, und daß es Phasen gab, in denen er sich erholte. Seine Krankheit war zynisch.

Sie gönnte ihm Pausen des Wohlgefühls, bevor sie zum nächsten Schlag ausholte. Ich war einmal bei einem Boxkampf. In Paris. Da habe ich gesehen, wie ein Boxer einen anderen fertigmachte. Aber er schlug ihn nicht gleich k.o., sondern setzte seine Schläge so, daß der andere immer wieder von den Brettern hochkam, um weiterzukämpfen. Er ließ ihn dann immer zwei, drei Schläge machen, sogar hin und wieder einen Treffer landen, bevor er ihn wieder zu Boden schlug. So ungefähr war das bei meinem Vater auch. Seine Krankheit schlug ihn nieder, stand dann neben ihm und wartete, daß er wieder hochkam.
In einer dieser Pausen schöpfte er so etwas wie Hoffnung. Er faselte irgendetwas von Besserung. Er war euphorisch. Ich mußte ihn sogar anziehen und mit ihm hinunter auf die Straße gehen. Wir kamen aber nur bis zur nächsten Straßenecke, dann mußten wir umkehren, weil er keine Kraft mehr hatte. Aber er bildete sich ein, daß es ihm besser ginge.
Wußte er nicht, wie krank er war, fragte ich.
Nicht genau. Er wußte, daß es ernst war, aber wie ernst, das hatten ihm die Ärzte nicht gesagt. Das wußte nur ich. Ich verschwieg es ihm, zuerst, weil ich nicht wollte, daß er es wußte, später dann, weil ich seine Unwissenheit genoß und mich ihm überlegen fühlen konnte.
Jedenfalls war es in so einer Phase der Euphorie und Zuversicht schließlich soweit. Ich mußte ihm die Kissen in den Rücken schieben, sodaß er aufrecht im Bett saß. Dann fragte er mich, ob ich mich noch daran erinnern könne, womit er mir als Kind einmal gedroht hatte. – – –
Ich wußte, was er meinte, bevor er noch zu Ende gesprochen hatte. Ich erstarrte. Dann holte ich das Bügeleisen.
Ich muß dazu sagen, daß er, als meine Mutter gestorben war, den Haushalt ganz allein führte. Ich habe nie einen Mann einen Haushalt so führen sehen wie ihn. Er war wie eine Frau. Genauso penibel, umsichtig, praktisch. Er konnte alles, kochen, waschen, nähen. Und dabei arbeitete er noch wie ein Pferd in seiner Firma, damit es mir an nichts fehlte. Ich brauchte gar nichts zu tun. Er machte alles. Er war mir eine bessere Mutter, als er mir ein Vater war. Ich erinnere mich noch, er bügelte gerade und sagte plötzlich zu mir: Da, leg dich auf den Tisch. Ich zögerte. Er wurde ärgerlich, wiederholte seine Aufforderung. Er mochte nicht, wenn man zögerte. Wenn er etwas sagte, hatte es zu geschehen.

Leg dich auf den Tisch, und zwar schnell. Wenn er *und zwar schnell* sagte, gab es keine Widerrede mehr. Ich tat es. Er ...
Sie stockte. Ich sah, daß das Reden *darüber* sie sehr mitnahm. Wollte schon sagen: Laß es, sag's nicht. Aber sie sprach bereits weiter:
Er befahl mir, das Kleid hochzuziehen. Dann sagte er in einem Ton, der mein Verständnis und meine Einsicht voraussetzte: Du weißt, jetzt ist es soweit. Ich lag da. Er stand über mir, das Bügeleisen in der Hand. Er hielt es über mich, und langsam, ganz langsam senkte es sich auf mich herab. Er hielt es ganz ruhig, sodaß man glauben konnte, kein Mensch hielte es, sondern es werde von einer Mechanik langsam, ganz langsam heruntergelassen, direkt auf meinen Bauch. Ich starrte das Eisen an, die blanke Metallfläche. Ich sah nur sie. Nur sie ...
Hör auf, sagte ich mit tonloser Stimme.
Und sie kam näher und näher. Ich biß die Zähne zusammen. Biß mir die Lippen blutig. Ich durfte nicht schreien, wenn er mich strafte. Er wollte es so.
Bitte, hör auf!
Näher kam es. Meine Hände krampften sich um die Kanten des Bügeltisches. Ich durfte mich nicht bewegen, mußte stillhalten, wenn er mich strafte, egal was er mit mir machte. Er wollte es so.
Quäl dich nicht!
Ganz nah war bereits das Eisen. Ich konnte die Hitze spüren, die von ihm ausging. Zuerst war es nur ein vages Wärmegefühl, so wie wenn ein warmer Lufthauch dich streift, dann wurde es stärker und stärker. Es brannte. Ich zog instinktiv den Bauch ein, um noch ein wenig Abstand zu schaffen zwischen dem glühenden Metall und meiner Haut. Ich hoffte, daß mein Vater es nicht bemerkte, denn ich durfte mich ja nicht rühren, wenn er mich strafte. Ich flehte zum Himmel, den Bügeltisch unter mir zusammenbrechen zu lassen. Es war unerträglich, jetzt schon, und dabei klaffte noch eine Handbreit zwischen dem Metall und meiner Haut. Wie würde der Schmerz erst sein, wenn das Eisen meinen Bauch berührte? Und dann – – – und dann – – – lachte er. Er lachte und stellte das Bügeleisen auf meinem Bauch ab. Ich zuckte zusammen, so kalt war es. Eiskalt. Dabei hatte ich doch die Wärme gespürt. Die Hitze. Die Glut. Er hatte mich getäuscht, wie nur er mich

hat täuschen können, sonst niemand.
Edgar Allan Poe. Das Buch, das sie mir am Flohmarkt so stolz gezeigt hatte, und als ich es kaufen wollte, zog sie mich weiter.
Grube und Pendel *heißt die Geschichte. Ein Mann wird von der Inquisition gefangengehalten …*
Er packte mich an den Schultern und hob mich vom Tisch und sagte: Nun sieh dir an, was Papas kleines Ferkelchen gemacht hat. – In meiner Angst hatte ich mich von oben bis unten angemacht. Er badete mich und beim Abrubbeln hockelte er vor mir und fragte mich: Hast du wirklich geglaubt, ich könnte so etwas tun? Ich sagte nichts. Hast du mir *das* wirklich zugetraut? Ich hatte nichts zu sagen. Hast du kein Vertrauen zu mir? Ich schüttelte den Kopf. Lügen hatte ja keinen Zweck bei ihm. Nein? Mein kleines Mädchen hat kein Vertrauen zu ihrem Papa? Er nahm mich in die Arme. Ich verstand nicht, was ihn so glücklich machte …
Der Mann wird von der Inquisition gefangengehalten. Er liegt da, kann sich nicht rühren, und von der Decke schwingt langsam ein riesiges messerscharfes Pendel auf ihn nieder. Im letzten Moment wird er befreit. Die Rache ist sein.
Wo war ich stehen geblieben? – Ach ja. Er sagte zu mir, ich sollte das Bügeleisen holen. Ich ging und holte es. Er steckte es an. Da, neben dem Bett …
Sie wies auf eine Steckdose an der Wand auf meiner Seite des Bettes.
Du trägst nicht nur seine Anzüge und Hemden, brunzt wie er ins Waschbecken, du hast auch im Bett seinen Platz eingenommen. Wie soll ich das verstehen?
Er hielt das Eisen in der Hand. Ich mußte mich zu ihm auf die Bettkante setzen, und wir warteten gemeinsam, daß es heiß wurde. Dann befahl er mir, mein T-Shirt hochzuziehen. Ich kam mir vor wie beim Lungenröntgen, als ich es tat. Setz dich näher zu mir, sagte er heiser. Er drehte das Bügeleisen mit der Unterseite zu sich und spuckte darauf, um zu sehen, ob es schon heiß genug war. Als Kind fand ich es interessant, den Speicheltropfen in kleine tanzende Kügelchen zerspringen zu sehen, die sich auf der heißen Fläche in nichts auflösten. Auch diesmal taten sie es. Siehst du, sagte er, es geht schon, es ist heiß

genug. Er hieß mich das T-Shirt noch höher ziehen. Dann suchte er eine Stelle an meinem Körper aus. Er war wählerisch. Fast hätte ich schon ungeduldig zu ihm gesagt: Mach schon! Er brauchte sehr lange, sich zu entscheiden.
Ich hörte ihn noch sagen: Du bist Papas tapferes kleines Mädchen, als er zustieß.
Es tat nicht so weh, wie man es sich vorstellt. Er hielt die Spitze des Bügeleisens auch nicht lange an meine Haut, ein paar Sekunden nur. Es roch nach verbranntem Fleisch im Zimmer. Die Tränen liefen mir übers Gesicht, ohne daß ich es wollte.
Das Ganze hatte ihn angestrengt. Er reichte mir das Bügeleisen und ließ sich in die Kissen zurückfallen. Ich trug es aus dem Zimmer. In der Küche schlug ich der Länge nach auf den Boden.
Ihr Geheimnis, dachte ich. Und: Jetzt habe ich es doch erfahren.
Mein Gott, war ich naiv!
Erzählen hat eine Eigendynamik. Man kommt schwer hinein, aber wenn man einmal drinnen ist, kann man nicht mehr aufhören, auch wenn man das Wichtige längst gesagt hat. So ging es ihr jetzt. Ihre Geschichte war zu Ende, aber sie erzählte weiter, immer weiter.
Ich hatte es geahnt. Ich hatte nicht zu fragen gewagt, weil ich es gar nicht so genau wissen wollte, wie ich es jetzt zu hören bekam. Ich hielt mir die Ohren zu, als sie *davon* sprach. Aber ich konnte von ihren Lippen ablesen, was sie sagte. Ich schloß die Augen. Doch ihr stoßweiser Atem trug jedes ihrer Worte zu mir, meine Haut kannte den Code und dechiffrierte die verschlüsselte Nachricht.
Sie lag neben ihm. Als Kind hatte sie zwischen ihm und ihrer Mutter geschlafen. Als ihre Mutter starb, nahm sie einfach ihren Platz ein. Er hat mich nie angerührt, wenn du das meinst. Er kannte Frauen, zu denen ging er, wenn er es brauchte. So sagte er immer: Ich brauche es wieder. Und wenn er zurückkam, roch er nach diesen Frauen. Das mochte ich nicht. Ich führte mich immer ganz furchtbar auf, wenn er nach einer Frau roch, er mußte mich dann bestrafen. Aber es gefiel ihm, daß ich eifersüchtig war. Er sprach sehr vernünftig mit mir und erklärte mir alles; daß er ja nur zu ihnen ging, weil er ein Mann war und es brauchte, und daß sie ihm nichts bedeuteten. Zuerst erklärte er mir

alles, später erzählte er mir auch, was er mit den Frauen machte. Als ich größer wurde, war er es dann, der eifersüchtig war, wenn ich in der Nacht nach Hause kam und nach fremden Männern roch. Meistens war er noch wach, wenn ich mich hereinschlich. Wir lagen nebeneinander im Dunkeln, und ich mußte ihm erzählen. Er fragte mich und wollte alles genau wissen. Meistens war es mir sehr peinlich, ihm davon zu erzählen, aber manchmal genoß ich es auch, ihm davon erzählen zu können.
Ich erinnere mich noch, einmal war ich ganz unglücklich. Ich fühlte mich betrogen, ausgenützt, weggeworfen. Da drehte er seinen Kopf im Dunkel zu mir. Weißt du, sagte er, du hast dem Schweinekerl vertraut. Also hast du ihn geliebt. Wenn man einen Menschen wirklich liebt, dann hat man kein Vertrauen zu ihm. Liebe und Vertrauen können nebeneinander nicht existieren.
Das war seine Meinung.
Was soll man darauf sagen? Kann man darauf irgendwas sagen? Gibt es etwas, womit man solche Sätze beweisen oder widerlegen kann? Ist es überhaupt notwendig, sie zu beweisen oder zu widerlegen? Ist nicht jede Zustimmung sinnlos, jeder Einwand vergeblich?
Er war ein Mann, der Eibischteigpastillen und Gummizeug mochte, schreckliche Anzüge trug, und, wenn er ins Kino ging, ein Glas Wein trank am Buffet; der mit seiner Tochter im selben Bett schlief und sie mit dem Bügeleisen verbrannte. Seine Meinung war, daß man nicht einen Menschen lieben und ihm zugleich auch vertrauen kann.
Vertraust du mir, hatte sie ihn gefragt durch das Dunkel hindurch, das sie umgab. Vertraust du mir, hatte sie ihn gefragt, obwohl sie seine Antwort bereits kannte.
Trocken und sehr sachlich sagte er: Nein.

– – –

Liebst du mich?
Ihre Stimme kam wie von weit weg. Sie hatte so viele Hindernisse zu überwinden auf dem Weg zu mir, daß sie dünn war und schwach, mehrfach gebrochen, als sie mich endlich erreichte.
Liebst du mich?
Wie lange hatte das niemand mehr von mir wissen wollen.

– – –
Liebst du …
Alles mögliche tat ich in diesem Moment. Ich empfand für sie, was ich für keinen Menschen jemals zuvor empfunden hatte. Ich wußte gar nicht, daß ich überhaupt so empfinden konnte. Ich begehrte sie mit aller Verzweiflung der Leidenschaft, ich empfand Mitleid, tiefes Mitleid, ich war gerührt, nein: *be*rührt, erschrocken, erschüttert und fühlte Eifersucht in mir brennen, wie ein Liebender sie Phantomen entgegenzubringen vermag, aber – – – ich liebte sie nicht. Es war keine Liebe in mir. Vielleicht fehlte einfach der Platz dafür. Nein, das ist eine Ausrede. Ich hätte sie lieben können. Jetzt. Ich wäre dazu imstande gewesen, aber … Kein Aber! Wer keine Gründe hat, sucht Vorwände.
Liebst du mich?
Ich fuhr mir mehrmals hintereinander mit gespreizten Fingern durchs Haar. Das war ihr Antwort genug.
Sie war nicht traurig darüber. Ich fühlte, sie hatte es gar nicht von mir erwartet. Im Grunde genommen, wollte sie überhaupt nicht geliebt werden von mir. Darum ging es ihr gar nicht. *Ich hätte es verstehen können. Alles hätte ich verstehen können, wäre mir genug Zeit geblieben, darüber nachzudenken, oder zumindest ein wenig mehr Zeit, als sie mir noch zugestand …*
Ich liebe dich auch nicht.
Sie versuchte, es so zu sagen, als wäre es eine trotzige Reaktion auf mich.
Es gelang ihr ganz gut, fand ich. Aber mir konnte sie nichts vormachen.
Dann sind wir einander auch nichts schuldig, schwang ich betont lässig meine Beine aus dem Bett.
Ich hatte das Bedürfnis, möglichst rasch von hier wegzukommen. Nicht bloß aus dem Bett eines Toten. Überhaupt von *hier* wegkommen, so schnell wie möglich. Ich fürchtete den Schmerz. Ja, den fürchtete ich auch, den dumpfen obligatorischen Schmerz über … ja, worüber eigentlich? Es war nichts geschehen. Wir hatten einander zu verletzen gesucht, wo immer es ging, hatten keine Gelegenheit ausgelassen, aber es war kein Blut geflossen zwischen uns. Gar nichts war zwischen uns geflossen, außer ein bißchen Sekret, und was ist das schon … Trotzdem.

Es würde weh tun, wenn ich noch länger bliebe, sehr weh ...
Willst du wirklich schon gehen?
Ja, ich glaube, es ist das Beste.
Wir haben aber noch die Spaghetti mit Sugo.
Iß sie allein.
Ich esse aber nicht gern allein. Ich mache dir jetzt einen Vorschlag: Wir essen die Spaghetti mit Sugo, und dann gehst du.
Gibt es dazu auch eine Parallele in deinem Leben, konnte ich mir zu fragen nicht verkneifen. Hast du mit deinem Vater auch mal Spaghetti gegessen? – Ich bin nicht dein Vater!
Eben. Du bist nicht mein Vater. Ich habe nie mit ihm Spaghetti mit Sugo gegessen. Deshalb sollst du auch bleiben. Es wäre etwas Neues in meinem Leben. Und wenn sich diese Situation irgendwann einmal in meinem Leben wiederholen sollte, werde ich immer an dich denken müssen.
Ist das ein Versprechen oder eine Drohnung?
Wie du willst.

– – –

Also, bleibst du?
Nein.
Auch nicht, wenn ...
Nein!
Stille.
Dann, an ihre Vernunft appellierend, an ihr Verständnis, ihr Einsehen in die Notwendigkeit meines Handelns, an irgendetwas: Bringen wir es hinter uns.
So komm, bleib noch. Für mich wäre es etwas Neues. Es könnte ein Anfang sein ...
Ein Anfang, der am Schluß kommt, sagte ich bitter.
Jetzt ist alles vorbei. Wir haben nichts mehr zu verlieren. Laß es uns doch einfach tun.
Damit hatte sie ja nicht unrecht. Es war alles vorbei zwischen uns. Es bestand kein Grund zum Weglaufen. Wovor sollte ich noch weglaufen, wenn alles zu Ende war?
Sie beobachtete mich ganz genau. Sie wußte, daß ich schwankte.

Es kann nett sein. Stell dir mal vor: Zwei Menschen stellen fest, daß sie einander nicht lieben. Sie beschließen daher auch nicht, gute Freunde zu bleiben ...
Cute friends ...
... sondern sie essen zusammen Spaghetti mit Sugo, es ist auch noch was von dem schrecklichen Wein da, sie bringt ihn dann zur Tür, das war *unser* Sonntag.
Einen Moment zu früh stand sie auf, um an mir vorbeizuschlüpfen und in die Küche zu gehen, um ihren Vorschlag in die Tat umzusetzen, mich zu überrumpeln, bevor ich es mir noch anders überlegen konnte.
Im letzten Moment, bevor sie entwischen konnte, kriegte ich sie an der Schulter zu fassen. Ich wirbelte sie herum, packte sie und schüttelte sie heftig, damit es in ihren Kopf hineinging:
Ich gehe.
Du tust mir weh.
Ich ließ sie nicht los. Ich schüttelte weiter, damit es endlich in ihren Kopf hineinging:
Ich gehe.
Sie kreischte plötzlich auf: Du tust mir so weeeeh ...
Entschuldige, sagte ich erschrocken, ließ sie los, ließ von ihr ab wie von einem Opfer. Sie massierte ihre Schultern. Wahrscheinlich hatte ich viel zu fest zugepackt. Das ist mir noch nie zuvor passiert.
Alles in Ordnung?, fragte ich.
Keine Antwort.
Okay, dachte ich, das war's dann, wollte in die Küche, wo meine Sachen am Boden lagen. Das *Fluctin* nahm ich natürlich mit.
Eine Frage habe ich noch.
Und die wäre, drehte ich mich in der Tür um.
Das war mein Fehler.
Wenn ... wenn du mich nicht liebst ... vertraust du mir dann?
Ich stutzte.
Darüber hast du noch nicht nachgedacht, was?
Ehrlich gesagt nein, aber das band ich ihr nicht auf die Nase. Wir würden einander nicht mehr sehen. Da war es letztlich doch egal, was ich ihr zur Antwort gab.

Kann dir das nicht gleichgültig sein?, fragte ich.
Niemals. – Wenn du schon nicht Spaghetti mit mir ißt, dann tu mir diesen letzten Gefallen und denk darüber nach. *Vertraust du mir?*
Es war doch egal, was ich sagte. Wir würden einander nicht mehr wiedersehen. In einer Stadt wie dieser läuft man sich nur einmal über den Weg, selbst an so ausgefallenen Orten, an denen wir einander begegnet waren. Da es also egal war, sagte ich:
Ja, ich vertraue dir.
Es stimmte auch. In dem Moment, da ich es sagte, stimmte es. Manchmal ist etwas erst wahr, wenn man es ausspricht. Ich vertraute ihr wirklich. Ich hatte ihr von Anna erzählt, ohne daß sie mich wirklich erst mit Fragen in die Enge hatte treiben müssen. Wenn man die kurze Zeit bedachte, die wir zusammen waren, hatte ich sogar verdammt viel Vertrauen zu ihr. Als ich mir das so überlegte, fand ich es schön, wieder einmal zu einem Menschen Vertrauen gehabt zu haben nach langer Zeit. Somit hatte dieser Sonntag auch etwas Positives. Und unsere Begegnung war nicht sinnlos gewesen. Ich würde an ihn irgendwann einmal zurückdenken und mir sagen können: Du hast Vertrauen zu ihr gehabt.
Du vertraust mir also?
Ja.
Sag es noch einmal. Ich möchte es hören.
Ich vertraue dir.
Ich betonte es zu sehr, setzte die Wörter zu deutlich voneinander ab, sodaß es ein bißchen nach *Ich Tarzan, du Jane* klang.
Sie mußte lachen.
Darüber freute ich mich. Nicht so, daß ich jetzt, um sie weiter zum Lachen zu bringen, mir mit den Fäusten auf die Brust getrommelt und den Tarzanschrei ausgestoßen hätte, den ich mal gut drauf hatte, aber doch freute ich mich, eine stille Freude, irgendwie selbstlos; ihr Lachen hatte etwas Versöhnliches. Vielleicht gingen wir doch als gute Freunde – *cute friends, cute friends, cute friends* – auseinander.
Wenn du mir vertraust, dann beweise es mir.
Du mußt immer übertreiben, dachte ich mit Nachsicht, legte den Kopf schief, stemmte im Spaß meine Hände in die Hüften wie empört, sagte:

Ist das dein nächster Trick, damit ich bleibe? Grinste breit: Ich mag keine Spaghetti mit Sugo.
Dummkopf, sagte sie. Beweise mir, daß du mir vertraust.
Wie denn? Ich habe dir …
Jaaaa, unterbrach sie mich, du hast mir von dir erzählt. Das habe ich auch getan. Darin sind wir quitt. Das hat aber nichts mit Vertrauen zu tun. Beweise es mir anders.
Wie denn?
Laß dir was einfallen. Du bist doch nicht auf den Kopf gefallen.
Auf den Kopf nicht, aber …
Mir fiel nichts wirklich Witziges ein. Sie durchschaute auch sofort, daß ich mich mit meinem Geplänkel nur aus der Sache herauswinden wollte, sagte:
Keine Spielchen!
Und ich – *ich Idiot!* – fing doch tatsächlich ernsthaft an, darüber nachzudenken, wie ich mein Vertrauen beweisen könnte. Aber nichts, was ich ihr vorschlug, war ihr gut genug.
Indizien, winkte sie ab, das sind alles nur Indizien. Ich will einen *Beweis,* verstehtst du, einen wirklichen Beweis.
Ich dachte immer fieberhafter nach und kam auf die abstrusesten Dinge. Dann fiel mir ein, was sie von mir wollte. Was sie *wirklich* von mir wollte. *Der* Beweis schlechthin fiel mir ein, der einzige, der zählte.
Ihre Augen leuchteten.
Nein … oh, nein …, fuchtelte ich – übertrieben wie die Leute in den Sitcoms im Fernsehen – mit dem Zeigefinger. Nein, nein, keine Spielchen … hast du selber gesagt.
Ach, bitte.
Nein … also wirklich nicht …
Doch, komm schon … ich verspreche dir auch …
Nein, wenn du es mir versprichst, dann ist es ja kein Vertrauensbeweis mehr.
Da hast du auch recht. Wie machen wir es dann?
Gar nicht.
Aber ich möchte so gerne …, raunzte sie.
Man kann im Leben nicht alles haben.

Warum nicht, maulte sie, stampfte wie ein zorniges Kind mit dem Fuß auf.
Kommt gar nicht in Frage.
Dabei interessierte es mich selbst *brennend*, ob ich wirklich Vertrauen zu ihr hatte, ob ich überhaupt in der Lage war, dieses Vertrauen zu ihr zu haben. Ob mein Vertrauen stark genug war ...
Es ist *unser* Sonntag, der einzige Sonntag, den wir je zusammen verleben werden, sagte ich mir. Und du *hast* Vertrauen zu ihr. *Komm, zeig es ihr! Beweise es dir selbst!*
Ich legte mich auf das Bett.
Leg dich ganz in die Mitte, sagte sie.
Ich tat es.
Sie legte prüfend den Kopf schief.
Wir machen es anders, meinte sie.
Wie denn?
Wirst du schon sehen.
Nein, sag es mir.
Hast du Vertrauen zu mir oder nicht?
Hm ... na gut ...
Jetzt streck die Arme über deinen Kopf, so ... ja, so ist es gut.
Sie fesselte meine Arme an die oberen Bettpfosten. Mit Seidentüchern, die sie – *wie vorbereitet* – aus der Lade ihres Nachtkästchens genommen hatte.
Ich habe mir eine Variante ausgedacht.
Ich bin schon neugierig.
Kannst du auch sein. Hast allen Grund dazu.
Dann fesselte sie meine Beine an die unteren Bettpfosten.
Ist es bequem?
Hmh.
Habe ich nicht zu fest zugezogen?
Ich bewegte Finger und Zehen zum Zeichen, daß mir die Fesseln nicht das Blut abschnürten.
Sei ganz entspannt.
Wie auf einer Psychiatercouch.
Warst du mal beim Psychiater? Sicher warst du ...

Ja. Und du?
Sie schüttelte den Kopf.
Solltest du dir einmal geben. Ist ganz nett. Du kannst die Kerle so schön anlügen. Weil auch die Lüge für sie Wahrheit ist. Für sie haben selbst die Lügen, die du ihnen auftischt, mit dir zu tun, wenn du verstehst, was ich meine. Irgendwann macht das keinen Spaß mehr, weil sie dir einfach alles *glauben.*
Sie ließ mich reden, ging um das Bett herum und holte die Plastiktüte mit dem Bügeleisen *von ihrer Seite.*
Bist du bereit?
Ja.
Bist du wirklich bereit? Ich meine ... wenn du willst, lassen wir es.
Jetzt mach schon.
Wieder ging sie um das Bett herum, steckte den Stecker in die Steckdose *auf meiner Seite.* Sie lachte vergnügt dabei. Es machte ihr Spaß. Sie genoß es. Ich fand es auch *noch* ganz witzig.
Vielleicht funktioniert das Ding gar nicht.
Oh doch, es funktioniert, glaub mir.
Ich wäre mir da nicht so sicher. Weißt du, dieses Zeug, das man am Flohmarkt kauft ...
Es funktioniert, schnitt sie mir scharf und endgültig das Wort ab.
Sie hockelte sich über mich, hielt das Bügeleisen in der Hand. Der Regler war auf kalt gestellt.
Wie gesagt, ich habe mir eine Variante ausgedacht. Ich werde dir jetzt das Eisen auf den Bauch und den Temperaturregler dann auf *Leinen* stellen. *Leinen* ist die höchste Stufe. In fünfundzwanzig Sekunden wird das Eisen heiß. Ich habe es nachgemessen mit der Speichelprobe. Hast du so viel Vertrauen zu mir, daß du mir glaubst, wenn ich dir verspreche, daß ich das Eisen von deinem Bauch nehme, bevor ...
Zum Spaß zerrte ich wie verzweifelt an meinen Fesseln, als wollte ich mich befreien. Lachte dann.
Also gut.
Ich hatte Vertrauen zu ihr, als sie das kalte Eisen auf meinen Bauch stellte.
Ihre Hand am Temperaturregler ...

Soll ich?
Ja.
Sie stellte den Regler auf *Leinen*, und ich hatte Vertrauen zu ihr. Ich vertraute ihr ganz einfach. Und dafür liebte sie mich. Das sagte sie mir auch, als das Eisen auf meinem Bauch warm wurde.
Vertraust du mir noch immer?
Ich nickte mit zusammengebissenen Zähnen.
Das ist schön, sagte sie und lächelte, wirklich glücklich.
Ich mache sie glücklich, dachte ich, und mein Vertrauen zu ihr verließ mich nicht.
Wir sahen einander in die Augen. Die ganze Zeit. Wie Liebende, bis der Zug abfährt. Unsere Blicke schlugen Wurzeln, einer im anderen. Bis die Ränder meines Gesichtsfeldes zu zittern anfingen, zu flimmern, auszufransen, sich zu zersetzen, und das Bild, das letzte, das ich sah – das letzte Bild: SIE *– sich auflöste in [m]einem endlosen Schrei.*

Edition Splitter & Autor danken
dem Bundeskanzeramt : Kunst
und dem Magistrat Wien

CIP-Titelaufnahme der Deutschen Bibliothek

Baier, Christian
romantiker

Gestaltung/Fotografie: Georg Mœhrke
grafik management, www.gmgm.at

Redaktion: Batya Horn

Druck: Interpress, Budapest

Herausgeber: Edition Splitter
A-1010 Wien, Salvatorgasse 10
Tel.: +43-1-532 73 72
Fax: +43-1-532 11 09
Mobil: +43-1-699-11 44 84 38
horn@splitter.co.at
www.splitter.co.at

ISBN 3-901190-99-6